Exhibicionista
extinto

RAROSAURIOS

Las criaturas más disparatadas
y fascinantes de la prehistoria

Para los bichos raros :)

Título original: *Weirdosaurus.*

1ª edición en español: marzo de 2026

Publicado por primera vez en 2025 por Happy Yak, un sello de The Quarto Group.
1 Triptych Place, Londres, SE1 9SH, Reino Unido.
© 2025 Quarto Publishing plc
Textos e ilustraciones © Philip Bunting

© De la traducción: Beatriz García Alonso, 2026
© De esta edición: Grupo Anaya, S.A., Madrid, 2026
Valentín Beato, 21, 28037 Madrid
www.anayainfantilyjuvenil.com

PAPEL DE FIBRA
CERTIFICADA

ISBN: 978-84-143-5999-0
Depósito legal: M-19.005-2026
Impreso en China - Printed in China

MIXTO
Papel | Apoyando la
silvicultura responsable
FSC® C016973

Índice

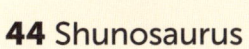

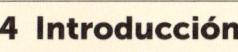

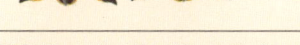

Introducción

La era de los dinosaurios terminó hace ya casi sesenta y seis millones de años. Hoy prácticamente todo lo que sabemos sobre estos maravillosos seres extraños proviene de un pequeño número de huesos, plumas y pieles fosilizadas. Esos pocos restos rocosos son la prueba real que tenemos de que los dinosaurios y otros animales antiguos en algún momento de la historia merodearon, brincaron y caminaron con su pesado cuerpo por el planeta que hoy nosotros llamamos hogar.

Los huesos fosilizados nos permiten hacernos una idea de cómo podrían haber sido estas increíbles criaturas. Gracias a ellos, podemos calcular su tamaño aproximado, intuir cómo se movían e incluso averiguar cuál era su desayuno favorito. Sin embargo, y después de tantísimos años bajo tierra, apenas quedan pistas que nos ayuden a conocer las partes más blandas de su exterior. Los músculos, la piel, las plumas, las púas, los volantes e incluso los picos normalmente se pierden en la roca (al igual que la trompa de un elefante, la bolsa de un canguro o mis grandes orejas nunca sobrevivirían a la fosilización).

Todos los dibujos, películas o maquetas de dinosaurios que has visto hasta ahora no son más que el resultado de los muchos años que los humanos peludos han dedicado a hacer averiguaciones. Podríamos decir que alguien ha dejado volar su imaginación basándose en la poca información que nos proporcionan los registros fósiles (y, en algunos casos, también en las características de algunos de sus descendientes actuales). Aunque es verdad que ahora sabemos muchas cosas sobre los dinosaurios, aún no podemos estar del todo seguros de cómo era realmente el propietario de este esqueleto de hace millones de siglos.

Podría haber sido así...

Dinosaurio tradicional
(Terrible lagarto de aspecto conocido)

O así...
Dinosaurio volador
(Terrible lagarto alado)

O incluso así...
Dinosaurio ridículo
(Ahora sería ridiculísimo...)

¡Oi!

Por ahora, los paleontólogos (científicos que estudian la vida fosilizada), los ilustradores y los aficionados (como tú y como yo) recopilamos pistas y empleamos ingeniosas técnicas científicas para averiguar cómo eran realmente esas criaturas del pasado. Y lo mejor es que cada año se descubren más y más fósiles, y nuestra tecnología no deja de perfeccionarse. Así que... quién sabe... quizá algún día tú encuentres la manera de explorar cómo eran de verdad esos bichos raros de antes.

Sobre los terribles reptiles

La palabra «dinosaurio» resulta bastante extraña. Fue acuñada en los primeros años del siglo XIX por el biólogo inglés sir Richard Owen. En «dinosaurio» se esconden dos palabras griegas: *deinos* (que significa «terrible») y *sauros* (que quiere decir «lagarto»). No sé si para ti serán unos seres terribles o no (¡tú sabrás!), pero lo que sí es seguro es que ningún dinosaurio fue realmente un lagarto. Claro que todos los dinosaurios fueron reptiles, pero los lagartos tienen su propia rama escamosa en el árbol de la vida.

He querido seguir en la línea de la nomenclatura rápida y flexible de sir Richie, y en las páginas de este libro hay mucho más que dinosaurios reales. Aunque en *Extrañosaurios* la gran mayoría son dinosaurios, también hay sitio para una buena muestra de reptiles voladores (que no son dinosaurios), reptiles nadadores (que no son dinosaurios), lagartos (que no son dinosaurios), arcosaurios (no todos son dinosaurios)... Imagino que ya te has hecho una idea de lo que te vas a encontrar.

Cómo usar este libro

Rarosaurios es una colección de las criaturas más peculiares de la época que conocemos como Era Mesozoica (hace 252-66 millones de años). El Mesozoico estaba formado por tres períodos: el Triásico, el Jurásico y el Cretácico. Todas las criaturas que aparecen presentan las mismas características específicas:

Flecha de navegación.
Puntos desde el texto a su ilustración.

Traducción del nombre.
Verdadero significado del nombre del animal

Ilustración.
Como ya se ha dicho, con muchas suposiciones.

Nombre del animal.
Por lo general, un nombre científico, que suele estar formado por palabras en griego.

▲ Archaeopteryx
(Ala antigua)

- Hace 149-145 Ma
- Carnívoro
- 50 cm

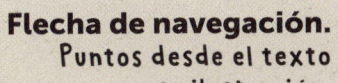

Cuándo vivió.
Ma significa «millones de años».

Comparación del tamaño.
Su tamaño comparado con un animal (o cosa) de ahora.

Dieta.
A muy grandes rasgos:
Carnívoro: carne.
Herbívoro: plantas.
Insectívoro: insectos.
Omnívoro: mixto.
Piscívoro: peces.

Longitud.
De la cabeza a la cola, salvo que se diga lo contrario.

Descripción.
Información básica sobre la peculiar criaturilla.

Cuando se descubrió el primer fósil de Archaeopteryx, la gente se quedó superconfundida. ¡Nadie se imaginaba que los pájaros hubieran existido hacía tantísimo tiempo! Hubo hasta quien pensó que esos restos podían pertenecer a un ángel. Con sus amplias alas cubiertas de plumas, sus garras y su pequeño cuerpo, sin duda, tenía mucho en común con los pájaros modernos. Pero... ¿qué hay de sus dientes afilados y de su larga cola ósea?

Período Triásico

Hace 252-201 millones de años

Los primeros dinosaurios aparecieron a mediados del Triásico entre una amplísima variedad de llamativos reptiles, absurdos anfibios y muchas especies más. El Triásico comenzó después de una enorme extinción conocida como la extinción masiva del Pérmico-Triásico. Se cree que las erupciones volcánicas de entonces hicieron que el clima de la Tierra se calentara rápidamente y acabara con alrededor del noventa por ciento de todas las especies de entonces. ¡Qué desastre!

Eotitanosuchus
🔊 EE-oh-tie-TAN-oh-SOO-kus
página 14

Lystrosaurus
🔊 LISS-tro-SAWE-us
página 15

Thrinaxodon
🔊 Thrih-NAK-soh-DON
página 15

Eretmorhipis
🔊 Eh-ret-mor-HI-pis
página 16

Mastodonsaurus
🔊 MAS-toh-don-SAWR-us
página 17

Hupehsuchus
🔊 HOO-pay-SOO-kus
página 17

Erythrosuchus
🔊 Eh-RITH-roh-SUU-kus
página 18

Shringasaurus
🔊 SHRING-guh-SAWR-us
página 18

Atopodentatus
🔊 AH-toh-po-den-TAH-tus
página 19

Arizonasaurus
🔊 Ar-ih-ZOH-nah-SAWR-us
página 20

Tanystropheus
🔊 TAN-ee-STROH-fee-us
página 22

Thalattosaurus
🔊 Thuh-LAT-oh-SAWR-us
página 23

Scleromochlus
🔊 SKLER-oh-MOK-lus
página 24

Hyperodapedon
🔊 HIGH-per-oh-DA-peh-don
página 24

Hypuronector
🔊 High-PYOO-roh-NEK-tor
página 26

Longisquama
🔊 LONG-iss-KWAH-ma
página 28

Placerias
🔊 Pla-SEER-ee-as
página 29

Metoposaurus
🔊 Meh-TOH-poh-SAWR-us
página 29

Stagonolepis
🔊 Sta-GON-oh-lep-iss
página 30

Carnufex
🔊 CAR-noo-fex
página 30

Henodus
🔊 HEN-oh-dus
página 31

Silesaurus
🔊 SIGH-lee-SAWR-us
página 32

Teraterpeton
🔊 TAIR-ah-TER-peh-ton
página 32

Drepanosaur
🔊 Dreh-PAN-oh-saur
página 33

Triopticus primus
🔊 Try-OP-ti-kus PRI-mus
página 34

Sharovipteryx
🔊 SHA-roh-VIP-teh-riks
página 35

Eudimorphodon
🔊 YOO-die-MOR-foh-don
página 35

Caelestiventus
🔊 Say-LES-ti-VEN-tus
página 36

Terrestrisuchus
🔊 Teh-RES-tri-SOO-kus
página 36

Daemonosaurus
🔊 DAY-moh-nuh-SAWR-us
página 37

Eotitanosuchus
(Cocodrilo gigante del alba)

- Hace 267 Ma
- Carnívoro
- 6 m

¡Nada de quiquiriqui!

¡Nunca sonrías a un cocodrilo gigante del alba!

¡Colmillos de ~~ensueño~~ pesadilla! →

¡Siéntate! ¡Gírate! ¡Talones arriba! Con un cierto parecido al terrier más aterrador que hayas visto en tu vida, el Eotitanosuchus pertenecía al grupo más estrechamente relacionado con los mamíferos que con otros reptiles (y es que, pese a su nombre, no tenía nada que ver con los cocodrilos).
Sin embargo, con casi el tamaño de toda una jauría de perros, está claro que no es ese cachorrito con el que a cualquiera le gustaría jugar a la pelota.

El Lystrosaurus se pasó el Triásico excavando.

Podría cavar y cavar, como un tejón dientudo y sin pelo. →

▲Lystrosaurus
(Lagarto pala)

- 🕐 Hace 250 Ma
- 🍴 Herbívoro
- 📏 1-2,5 m

Con un pico similar al de un loro, colmillos cortos, cuerpo parecido al de un wombat, patas rechonchas y cola de labrador, no hay duda de que el Lystrosaurus parecía un monstruo inventado hecho a modo de *collage*. Más allá de su aspecto, esta extraña bestia fue uno de los mayores supervivientes de la prehistoria, ya que logró sobrevivir a una superextinción previa al Triásico que acabó con la vida de más o menos el noventa por ciento de todas las especies de la época.

▼Thrinaxodon
(Dientes con tres puntas)

- 🕐 Hace 250-245 Ma
- 🍴 Carnívoro
- 📏 50 cm

Alardeando siempre de bigotes y pelaje, y con una característica cara de perro (solo que sin sus puntiagudas orejas), el Thrinaxodon formaba parte de un grupo de ancestros mamíferos muy parecidos a los reptiles llamados cinodontos. Sospecho que nos lo hubiéramos pasado pipa jugando con él a lanzarle la pelota.

Corte mullet del Mesozoico.

¡Atención! Que nadie se atreva a llamarme «gatito».

↑ Naricilla húmeda gatuna.

Pequeñas placas óseas recorrían su espalda como si de un estegosaurio acuático se tratara.

La madre naturaleza se volvió loca.

Aletas para remar.

Eretmorhipis
(Abanico de la costa)

- Hace 250 Ma
- Piscívoro
- 70 cm

La primera vez que los científicos occidentales oyeron hablar del ornitorrinco actual, pensaron que era una tomadura de pelo, debido a la increíble combinación de características de estas raras criaturas. Sin embargo... ¡sorpresa! Se sabe que hace millones de años ya existió una criatura así. Por tanto, es fácil entender por qué este extraño animal acuático ha sido apodado «el ornitorrinco del Triásico» por su ancho pico, su cuerpo aerodinámico y sus aletas en forma de pala.

El Mastodonsaurus fue el mayor anfibio de la historia.

¡Colmillo, colmillo! →

◄ Mastodonsaurus
(Lagarto de diente de tetina)

- ⏱ Hace 247-201 Ma
- 🍴 Omnívoro
- 📏 6 m

A simple vista, este alarmantemente gigante anfibio ancestral se asemejaba a un cocodrilo suave y regordete. Sin embargo, el Mastodonsaurus era en realidad un antepasado lejano de las ranas. Este batracio hipergrande y superasustadizo tenía dos grandes colmillos en la mandíbula inferior, los cuales asomaban por dos agujeros muy estratégicamente situados en su cara. Debieron de irle de perlas para no dejar escapar su escurridiza cena.

► Hupehsuchus
(Cocodrilo de Hubei)

- ⏱ Hace 247-237 Ma
- 🍴 Piscívoro
- 📏 1 m

¿Qué saldría si se cruzaran una iguana, un pelícano y una ballena? ¡Seguro que algo parecido a este pequeño monstruito! Pese a su aspecto de delfín, esta especie de solo 1 metro de largo no podría ser más enclenque. Con diminutos dientes bien afilados y una garganta que se le hinchaba al nadar, el Hupehsuchus engullía enormes bocados de agua y peces, y luego se las ingeniaba para colar su almuerzo por las estructuras a modo de filtros que tenía en las mandíbulas.

¡Batiburillo marítimo!

El terror de los chiquitines del Triásico.

Cocodrilos rojos: a la vanguardia de la moda hace 247 millones de años.

¡Mejor no te sientes detrás de mí en el cine!

▲ Erythrosuchus
(Cocodrilo rojo)

- 🕐 Hace 247-200 Ma
- 🍴 Carnívoro
- 📏 5 m

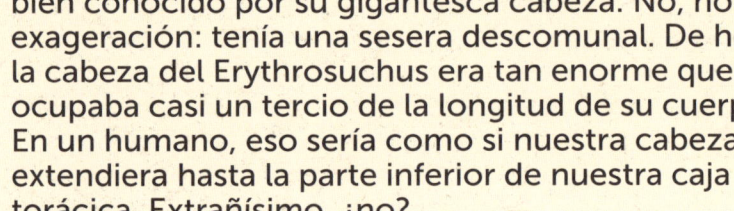

El mayor depredador terrestre de su época era muy bien conocido por su gigantesca cabeza. No, no es exageración: tenía una sesera descomunal. De hecho, la cabeza del Erythrosuchus era tan enorme que ocupaba casi un tercio de la longitud de su cuerpo. En un humano, eso sería como si nuestra cabeza se extendiera hasta la parte inferior de nuestra caja torácica. Extrañísimo, ¿no?

Las hembras pueden tener cuernos pequeños o no tener ninguno.

▶ Shringasaurus
(Lagarto cornudo)

- 🕐 247 MA
- 🍴 Herbívoro
- 📏 3-4 m

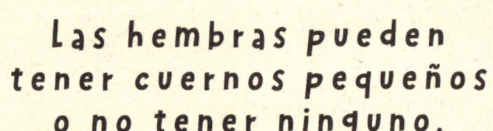

Voluminosos y corpulentos, con un cuello largo y grueso, los machos de esta especie de lagarto terrestre aparentemente torpe estaban dotados de un gran par de cuernos parecidos a los de un toro. Se cree que los utilizaban para atraer a las hembras y luchar contra sus rivales. O tal vez se trataba solo de una astuta estratagema para desviar la atención de sus cabezas, que a su lado eran llamativamente diminutas.

¡El Atopodentatus es el vegetariano de mar más antiguo del mundo!

▶ Atopodentatus
(La boca más extraña)

- 🕐 Hace 244 Ma
- 🍴 Herbívoro
- 📏 2,5-3 m

¡He aquí la fuente de inspiración para la boquilla del aspirador! La cabeza del Atopodentatus podría parecer un cruce entre una aspiradora y un tiburón martillo, pero este bicho raro amante del océano hace buen uso de su cara aplanada, con la que separa las algas de las rocas para luego succionar el agua a través de sus dientes en forma de aguja. Su dentadura hacía las veces de filtro, del mismo modo que las barbas de una ballena.

He intentado colar aquí un **chiste** sobre aspiradoras, pero eran tan **malos** que me hicieron **polvo**.

Una cola (casi casi) tan antigua como la **historia**.

Quizá la vela era realmente una joroba que utilizaba para almacenar grasa.

Tuvo su oportunidad en la vida. ¡Arriba, azul!

La vida en el
Triásico estaba
lejos de ser
sencilla.
↙

Arizonasaurus

(Lagarto de Arizona)

🕐 Hace 243 Ma
🍴 Carnívoro
📏 3 m

Este habitante del desierto estaba provisto de unas largas espinas óseas que llevaba en la espalda y que se cree que soportaban una impresionante estructura en forma de vela. Dicha vela no se utilizaba para nadar (ni para navegar), sino que todo apunta a que la usaban para la termorregulación, pues parecía que contribuía a que la criatura se mantuviera fresca en los calurosos días del desierto. La vela también pudo servirles para llamar la atención de su pareja con vistas a ayudarla a mantener el calor en las frías noches propias del desierto.

Tanystropheus

(Vértebra larga)

- 🕐 Hace 242 Ma
- 🍴 Piscívoro
- 📏 5 m

Imagina que un genio malvado empalmara una jirafa a un dragón de Komodo... ¡Tachán! Aquí está el resultado. Esta terrorífica criatura triásica de extrañas proporciones tenía un cuello tres veces más largo que su cuerpo. Y es que para el Tanystropheus su cuello era muy útil, pues solía permitirles acercarse sigilosamente a sus presas en aguas turbias y golpearlas cuando menos se lo esperaran. Vamos, que era un cuello-aparato de primera. Según los científicos, el Tanystropheus se pasaba la mayor parte del tiempo en el agua, pero a veces también echaba el diente a su presa desde la orilla, un poco al estilo de la garza actual.

El chiste sobre su cuello es → demasiado largo de contar.

Los científicos desenterraron hace muy poco un pedo* de Tanystropheus parcialmente fosilizado. Lo describieron como «una explosión del pasado».
↓

* Aviso legal superserio: ¡es un chiste!

Nessie en versión madurita.

Tatalosaurio
(Lagarto marino)

🕐 Hace 240-223 Ma
🍴 Piscívoro
📏 3 m

El Talatosaurio era un bicho raro oceánico. Aunque su cuerpo se parecía mucho al de un lagarto acuático estándar, su cabeza resultaba muy peculiar. Se iba estrechando hasta dar lugar a un hocico en extremo puntiagudo y respingón que se asemejaba a un par de pinzas o a uno de esos buenos aparatos para asar las nubes de azúcar. Los científicos están seguros de que, gracias a eso, estas criaturas pudieron alimentarse de peces en las aguas poco profundas (¡no, no hay constancia de que se dedicaran a ir de barbacoa en barbacoa asando golosinas!).

Siete de cada diez paleontólogos están de acuerdo en que el Talatosaurio era un bicho raro.

← Almuerzo.

▼ Scleromochlus
(Fuerte palanca)

- 🕐 Hace 240-201 Ma
- 🍴 Insectívoro
- 📏 20 cm

Este diminuto reptil con su larguísima cola y sus grandes y musculosas patas traseras solía correr de puntillas por los bosques a toda velocidad. Sin embargo, la ciencia también apunta a que este veloz Scleromochlus pudo haber sido un primitivo saltarín, ya que a veces se desplazaba saltando a cuatro patas de un modo similar a como lo hacen los conejos.

¡Dino-despegue!

¡Dino-aterrizaje!

Podría haber sido un antepasado temprano de los pterosauros voladores.

← ¡Parecía que tenía un muelle!

▶ Hyperodapedon
(Hiperdentado)

- 🕐 Hace 237-200 Ma
- 🍴 Herbívoro
- 📏 2 m

Esta curiosísima criatura logró combinar los dientes incisivos de una rata topo desnuda con la boca en forma de pico de una tortuga mordedora. ¡Vaya mezcla! Pero, si bien su aspecto era poco llamativo, lo compensaba con creces con su asombrosa capacidad para triunfar en la vida. Se trataba de un superviviente nato. Prueba de ello son sus fósiles, que nos demuestran que familias enteras habitaron durante millones de años en todos los continentes excepto en Australia y la Antártida.

¡Dino-salto!
↓

¡Tuvo al Ratoncito Pérez
de cabeza durante
37 millones de años!

Tenía montones de dientes
para triturar la
fuerte vegetación
del Triásico.
↑

← Expresión chulesca
(sobrado de autoestima).

Camuflaje
imberbe.

↑
Abrazador de
árboles del
Triásico.

Corteza
triásica.

Hypuronector

(Nadador de cola profunda del lago)

- 🕐 Hace 237-201 Ma
- 🍴 Insectívoro
- 📏 12 cm

Aunque antaño llegó a pensarse que era acuático por su enorme cola en forma de remo, hoy se piensa que esta delicada e inusual criatura camaleónica en realidad vivía encaramada a los árboles. Algunos paleontólogos incluso consideran que el Hypuronector pudo haber tenido patagio (una membrana de piel que les colgaba entre las patas) para ayudarlo a deslizarse de rama en rama, como si de una ardilla voladora se tratara.

Primerísimo primer plano (era tan largo como un lápiz).

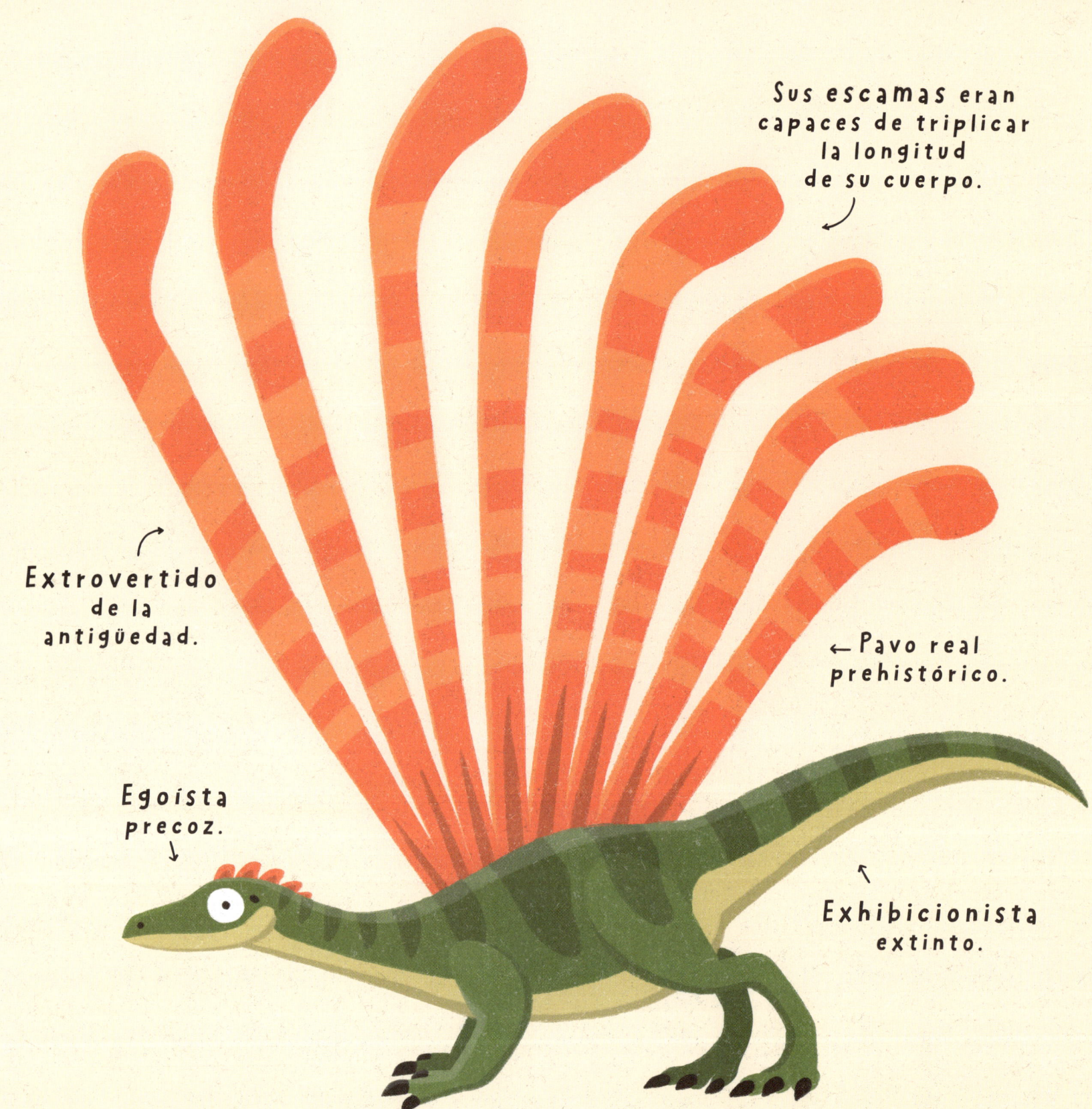

Sus escamas eran
capaces de triplicar
la longitud
de su cuerpo.

Extrovertido
de la
antigüedad.

← Pavo real
prehistórico.

Egoísta
precoz.

Exhibicionista
extinto.

Longisquama
(Escamas largas)

🕐 Hace 240-220 Ma
🍴 Insectívoro
📏 9 cm

Os presento a uno de los mayores fanfarrones de la prehistoria. Este diminuto reptil arborícola utilizaba sus colosales escamas en 3D para enviar mensajes. Al igual que los pavos reales, los pájaros lira y los lagartos con chorreras, empleaba sus apéndices para impresionar a una pareja o ahuyentar a los depredadores. O quizás es que estas diminutas criaturas se ganaban la vida sosteniendo palos de *hockey*.

▶ Placerias
(Cuerpo ancho)

- 🕐 Hace 237-208 Ma
- 🍴 Herbívoro
- 📏 2-3,5 m

Placerias: un espectáculo para los ojos saurios. ↙

Esta bestia con forma de barril pesaba tanto como un piano de cola y era el mayor herbívoro de su época. Su rara apariencia le hacía parecerse un poco a un rinoceronte joven disfrazado de Drácula para una fiesta Halloween, con su robusto cuerpo y sus enormes colmillos apuntando hacia abajo desde su boca en forma de pico. Podríamos terminar con algún chiste fácil de vampiros... ¡pero parece que no tienes sangre en las venas!

↪ **Rinoceronte bocabajo.**

Salamandra de grandes dimensiones. →

▲ Metoposaurus
(Lagarto frontal)

- 🕐 Hace 237-201 Ma
- 🍴 Piscívoro
- 📏 3 m

Con su ancha cabeza aplastada, sus diminutos ojos, su gruesa y elegante cola, y sus más bien cortas y débiles extremidades, este corpulento merodeador piscívoro era como la supersalamandra de las aguas fluviales del Triásico. Los científicos creen que se escondía en el fondo de un lecho fluvial y succionaba a las desprevenidas presas en sus enormes mandíbulas. Imagino que no te atreverías a jugar al escondite con él...

▼ Stagonolepis
(Escamas en forma de gotas)

- 🕐 Hace 237 Ma
- 🍴 Herbívoro
- ▭ 3 m

Un cocodrilo estrictamente vegano. (Ñam, ñam).

Este escamoso peleón acecha en una de las ramas más antiguas del árbol genealógico de los cocodrilos, pues se trata de un antepasado lejano de estos y de los caimanes actuales. Sin embargo, se trata de un cocodrilo con el que podrías acurrucarte sin miedo (salvo que seas un nabo del Triásico). A diferencia del resto de su terrible familia, el Stagonolepis era realmente un herbívoro. Sus dientes planos le servían para masticar plantas y helechos, y el extremo puntiagudo de la parte delantera de su mandíbula lo ayudaba a desenterrar las raíces de las plantas.

▶ Carnufex
(Carnicero)

- 🕐 Hace 237-228 Ma
- 🍴 Carnívoro
- ▭ 3 m

¡Cocodrilo exprés! ¡Argh!

Los cocodrilos dan pavor en el agua, pero, si alguna vez has visto uno arrastrándose torpemente por la tierra, te habrás dado cuenta de que lo dejarías atrás sin sudar. Sin embargo, este no es el caso del Carnicero de Carolina, otro cocodrilo ancestral que era capaz de esprintar hacia ti sobre sus dos largas y musculosas patas. Uy, uy, uy... ya sé con quién voy a tener pesadillas esta noche.

Me estoy poniendo sensible.

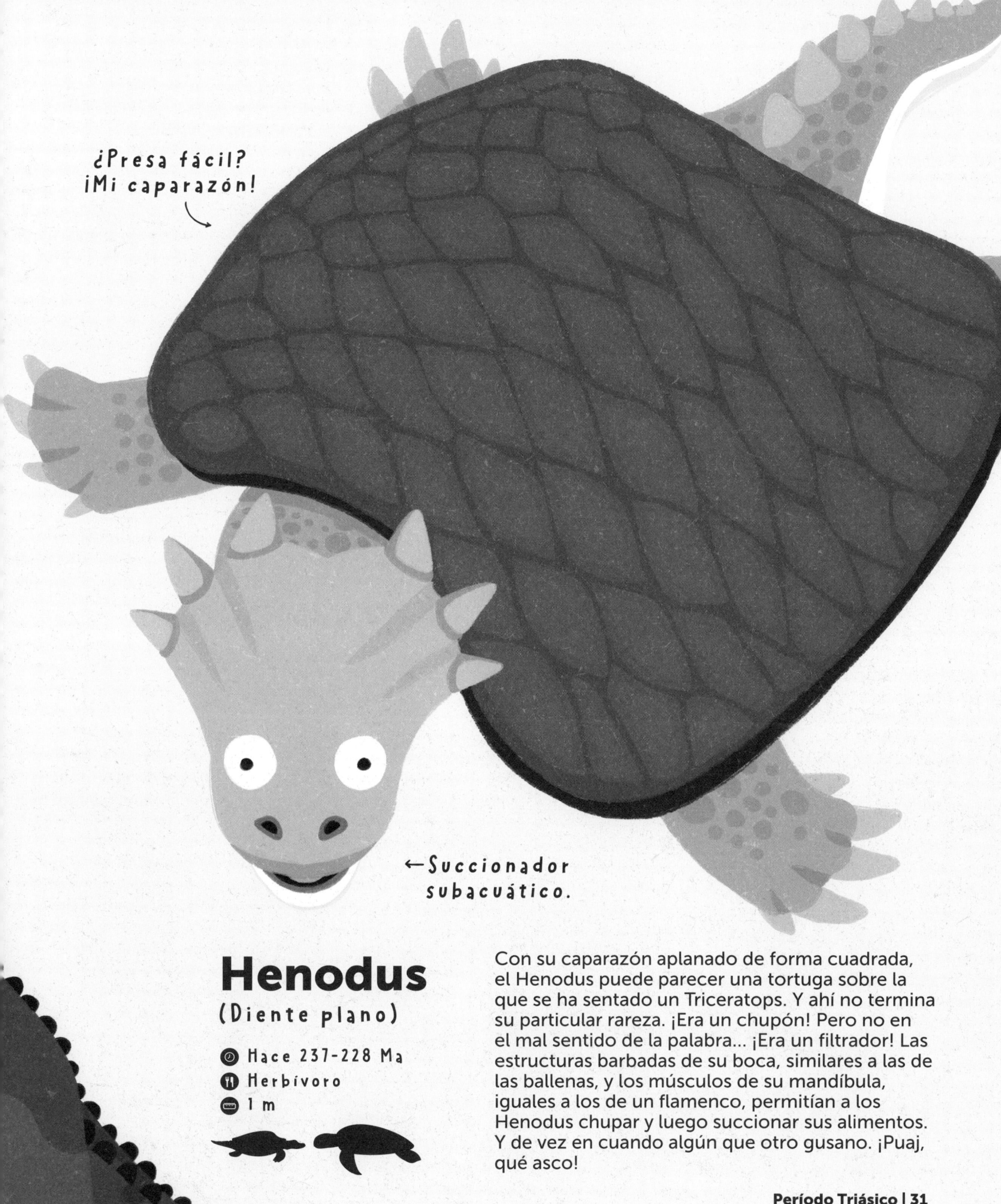

¿Presa fácil?
¡Mi caparazón!

← Succionador
subacuático.

Henodus
(Diente plano)

- Hace 237-228 Ma
- Herbívoro
- 1 m

Con su caparazón aplanado de forma cuadrada, el Henodus puede parecer una tortuga sobre la que se ha sentado un Triceratops. Y ahí no termina su particular rareza. ¡Era un chupón! Pero no en el mal sentido de la palabra... ¡Era un filtrador! Las estructuras barbadas de su boca, similares a las de las ballenas, y los músculos de su mandíbula, iguales a los de un flamenco, permitían a los Henodus chupar y luego succionar sus alimentos. Y de vez en cuando algún que otro gusano. ¡Puaj, qué asco!

¿Crees que
← es saurio?

Postura
impepicoteable.

Se cree que el Silesaurus
picoteaba el suelo
para alimentarse
como una gallina.

▲ Silesaurus
(Lagarto de Silesia)

- 🕐 Hace 237-208 Ma
- 🍴 Herbívoro
- 📏 2,3 m

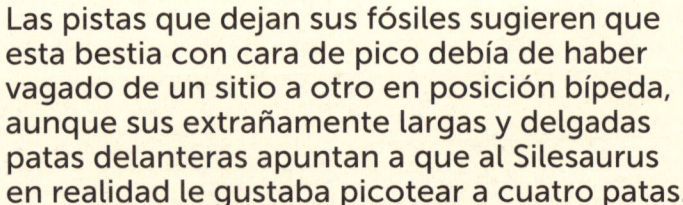

Las pistas que dejan sus fósiles sugieren que esta bestia con cara de pico debía de haber vagado de un sitio a otro en posición bípeda, aunque sus extrañamente largas y delgadas patas delanteras apuntan a que al Silesaurus en realidad le gustaba picotear a cuatro patas.

▼ Teraterpeton
(Excepcional cosa horripilante)

- 🕐 Hace 237-228 Ma
- 🍴 Herbívoro
- 📏 1 m

¿Es un pájaro? ¿Un lagarto? ¿Un cocodrilo? La evolución llegó a su momento de mayor esplendor con el Teraterpeton. Con su largo y desdentado pico similar al de un pelícano y su robusto cuerpo de reptil, ¿no habría sido más apropiado llamarlo «cosa confusa y espeluznante»?

Teraterpeton:
increíblemente
espeluznante.

Drepanosaur
(lagarto hoz)

- 🕐 Hace 235-201 Ma
- 🍴 Insectívoro
- 📏 30-60 cm

A veces denominado lagarto mono por su cola prensil, el Drepanosaurio era un pequeño y ágil arborícola. Por su aspecto, parecía como si alguien hubiera pegado una diminuta cabeza en el cuerpo de un camaleón; luego, solo para aumentar su rareza, le hubiera puesto unas largas garras como de perezoso... y, por si fuera poco, una más al final de la cola. Vamos, un mono en toda regla con el que preferiríamos no encontrarnos la próxima vez que trepemos a un árbol.

Siempre tuvo joroba.
↓

¡Caramba!
↓

↖
Usaba sus largas garras para abrir la corteza en busca de larvas y escarabajos.

←¡Garra extra en la cola!

El Triopticus primus fue uno de los primeros reptiles en lucir un cráneo abovedado. Incluso mucho antes que sus primos del Cretácico (ve a la página 88).

Óculo de → la cúpula.

Parece que la aleta de la cola ayudó al Eudimorphodon a dirigir su rumbo durante el vuelo.

▲ Triopticus primus
(El primero de tres ojos)

🕐 Hace 228-220 Ma

🍴 No se sabe

🍴 No se sabe

Aunque de primeras el nombre de este reptil suena a villano, tradúcelo y te darás cuenta de que su denominación tan solo describe su gran particularidad. Se le dio este original nombre porque en la parte superior de su cráneo en forma de cúpula tenía algo semejante a un tercer ojo. Lamentablemente, no era más que una hendidura en el cráneo que parecía no tener ninguna función.

▼ Sharovipteryx
(Maravillosa ala de Sharov)

- 🕐 Hace 225 Ma
- 🍴 Omnívoro
- 📏 25 cm

¡Lagartos saltarines! Este reptil arborícola exclusivo en su especie es la primera y única criatura conocida que tiene una membrana deslizante unida a sus increíblemente largas patas traseras y a su cola, en lugar de a sus brazos. Esto le permitía deslizarse sin esfuerzo de árbol a árbol utilizando una superficie de planeo de forma triangular, algo así como un terrorífico y diminuto ala delta.

Este ~~raro~~ original diseño de ala-pata no ha vuelto a aparecer nunca más en la naturaleza.
↓

↑
La maravillosa
sonrisa de
Sharov.

◀ Eudimorphodon
(Auténtico diente dimórfico)

- 🕐 Hace 215 Ma
- 🍴 Piscívoro
- 📏 1 m

¡Dieeeentes
terroriíííficos!
↓

Este dientudo pterosaurio era el sueño de cualquier dentista (y la pesadilla de un pez), con sus 110 dientes en su diminuto hocico de 7 centímetros. La mayoría de los pterosaurios tenían dientes que eran todos de un tamaño y de una forma similares, y algunos no tenían ni siquiera dientes. El Eudimorphodon se convirtió en el cliente estrella de las clínicas dentales, con su escalofriante gama de dientes traicioneros, incluyendo grandes colmillos y puntiagudos dientes aserrados. Le resultaban perfectos para masticar todo tipo de vida marina, desde peces óseos hasta invertebrados de caparazón duro.

El Caelestiventus se cree que fue el pterosaurio más grande del Triásico.

Feo aleteo.

▲ Caelestiventus

(Viento del cielo)

- 🕐 Hace 208 Ma
- 🍴 Carnívoro
- 📏 1,5 m de envergadura

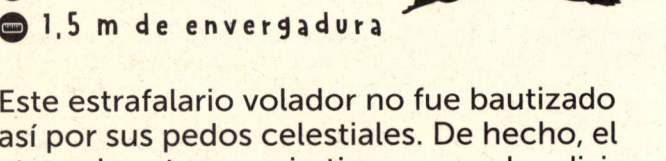

Este estrafalario volador no fue bautizado así por sus pedos celestiales. De hecho, el aterrador pterosaurio tiene poco de «divino» con su cabeza abultada, su barbilla papuda, sus dientes afilados como cuchillas, su larga cola en forma de látigo y su enorme envergadura. ¿Acaso no habría sido mejor «el viento del diablo»?

▼ Terrestrisuchus

(Cocodrilo terrestre)

- 🕐 Hace 208-201 Ma
- 🍴 Carnívoro
- 📏 1 m

El Terrestrisuchus parecía un cocodrilo del tamaño de un galgo con una dieta muy radical. Pero lo que realmente diferenciaba a este extraño cocodrilo de la jauría eran sus largas y delgadas patas. La mayoría de los miembros de la familia de los cocodrilos tienen las patas extendidas sobresaliendo a cada lado de su cuerpo, mientras que las patas de este cocodrilo sostenían todo su cuerpo desde abajo.

Amante terrestre zanquilargo.

Las largas patas del Terrestrisuchus nos demuestran que lo suyo era la velocidad.

Pasta de dientes de hace más de 208-201 millones de años.
↓

Este reptil demonio procede del lugar en el que se encontraron sus fósiles: Ghost Ranch, Nuevo México, EE. UU.

Daemonosaurus chauliodus

(Reptil demonio de dientes prominentes)

- 🕐 Hace 208-201 Ma
- 🍴 Carnívoro
- 📏 1,5 m

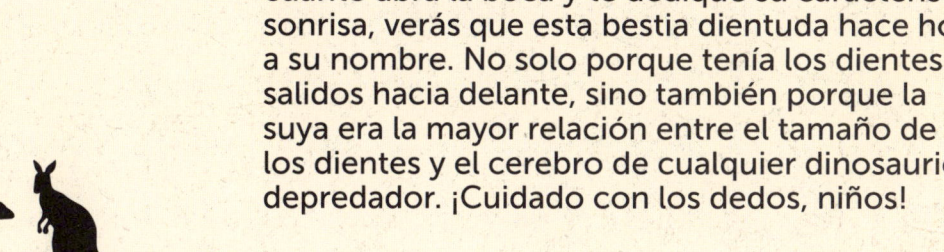

De primeras, este reptil de aspecto delicado podría parecer muy mono con sus grandes ojos y su hocico corto y embotado. Sin embargo, en cuanto abra la boca y te dedique su característica sonrisa, verás que esta bestia dientuda hace honor a su nombre. No solo porque tenía los dientes salidos hacia delante, sino también porque la suya era la mayor relación entre el tamaño de los dientes y el cerebro de cualquier dinosaurio depredador. ¡Cuidado con los dedos, niños!

Período Jurásico
Hace 201-145 millones de años

Los dinosaurios dominaron la Tierra durante el período Jurásico. A lo largo de muchos millones de años, fueron surgiendo gigantescos herbívoros junto a dinosaurios depredadores carnívoros, lagartos y aves. El Jurásico albergó a una increíble diversidad de especies animales extrañísimas y maravillosas capaces de prosperar en un clima cálido y húmedo.

Lesothosaurus
🔊 Leh-SOH-toe-SAWR-us
página 40

Scelidosaurus
🔊 Ske-LIGH-doh-SAWR-us
página 40

Pegomastax
🔊 Peg-oh-MASS-taks
página 41

Cryolophosaurus
🔊 Kry-oh-LOH-foh-SAWR-us
página 42

Lufengosaurus
🔊 Loo-FENG-oh-SAWR-us
página 43

Dilophosaurus
🔊 Dye-LOH-foh-SAWR-us
página 43

Kulindadromeus
🔊 Koo-LIN-dah-DROH-me-us
página 44

Shunosaurus
🔊 SHOO-no-SAWR-us
página 44

Huayangosaurus
🔊 Hwah-YANG-oh-SAWR-us
página 45

Tianchisaurus
🔊 TYAN-chee-SAWR-us
página 46

Proceratosaurus
🔊 PROH-se-RA-toh-SAWR-us
página 47

Anchiornis
🔊 AN-kee-OR-nis
página 48

Epidexipteryx
🔊 EP-ih-dek-SIP-ter-IKS
página 48

Jeholopterus
🔊 YEH-hol-OP-ter-us
página 49

Dicraeosaurus
🔊 Dye-KRAY-oh-SAWR-us
página 50

Guanlong
🔊 Gwan-long
página 52

Mamenchisaurus
🔊 Mah-MEN-chee-SAWR-us
página 53

Ramphorhynchus
🔊 RAM-foh-RING-kus
página 53

Ambopteryx
🔊 Am-BOP-teh-riks
página 54

Yingshanosaurus
🔊 YING-SHAN-oh-SAWR-us
página 54

Brachiosaurus
🔊 BRAK-ee-oh-SAWR-us
página 55

Gargoyleosaurus
🔊 GAR-GOY-loh-SAWR-us
página 56

Hesperosaurus
🔊 HES-per-oh-SAWR-us
página 56

Chilesaurus
🔊 CHEE-leh-SAWR-us
página 57

Chaoyangsaurus
🔊 CHOW-YANG-SAWR-us
página 58

Fruitadens
🔊 FROO-ta-dens
página 58

Archaeopteryx
🔊 AR-kee-OP-ter-iks
página 59

Innovador
bípedo.

El Lesothosaurus
fue un ciudadano
erguido del
Jurásico.

▲ Lesothosaurus
(Lagarto de Lesoto)

🕐 Hace 201-176 Ma
🍴 Herbívoro
📏 1 m

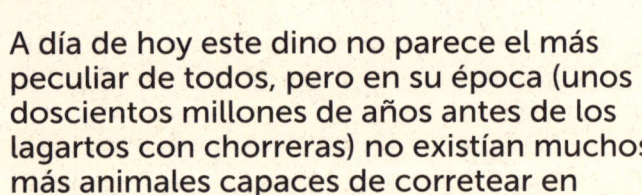

A día de hoy este dino no parece el más peculiar de todos, pero en su época (unos doscientos millones de años antes de los lagartos con chorreras) no existían muchos más animales capaces de corretear en posición bípeda. Se podría decir que el Lesothosaurus fue pionero en el trote a dos patas.

▼ Scelidosaurus
(Lagarto de una extremidad)

🕐 Hace 208-194 Ma
🍴 Herbívoro
📏 4 m

Este herbívoro tenía la piel cubierta de púas y placas óseas que lo protegían de sus numerosos rivales, los depredadores dentados. Por si fuera poco, en la parte posterior de su relativamente pequeña cabeza tenía unos cuernos bastante atractivos y de aspecto feroz. El Scelidosaurus fue un antepasado temprano tanto de los estegosaurios como de los anquilosaurios.

El primer esqueleto
de dinosaurio
completo del
mundo pertenecía
a un Scelidosaurus.

Tobillos
de saurio.

Pegomastax
(Mandíbula fuerte)

- Hace 201-190 Ma
- Herbívoro
- 60 cm

Apuesto a que jamás querrías toparte con este extraño pavo-erizo-vampiro-pollo en mitad de la noche. Por mucho que sepas que solo come plantas..., ¡el Pegomastax sigue resultando aterrador! Nadie sabe a ciencia cierta por qué tenía el cuerpo cubierto de púas, pero la mayoría cree que era para defenderse o impresionar a sus posibles parejas.

Nadie entiende por qué este vegetariano tenía esos caninos tan enormes → y afilados en su pico. ¿Acaso las plantas de la prehistoria eran feroces?

↑ Yo de pie sobre un bloque de Lego.

↑ ¿Por qué cambió de opinión el Pegomastax?

* Porque aún no había pollos.

Cryolophosaurus
(Lagarto de cresta congelada)

◎ Hace 199-182 Ma
🍴 Carnívoro
⬭ 7 m

He aquí uno de los pocos dinosaurios carnívoros hallados en la Antártida hasta ahora. Este elegante dino se ha ganado a pulso su calificativo de guapetón. Y es que la perfectamente colocada cresta que adorna su cabeza le ha valido al Cryolophosaurus el apodo de Elvisaurus. Y ahora, como decía el rey del *rock and roll*, «Gracias, muchas gracias».

↑
¡A la rica carne tierna!

←Escamas de ante azul.

Hay quien dice que Elvis Presley copió muchos de sus más célebres movimientos al Cryolophosaurus.

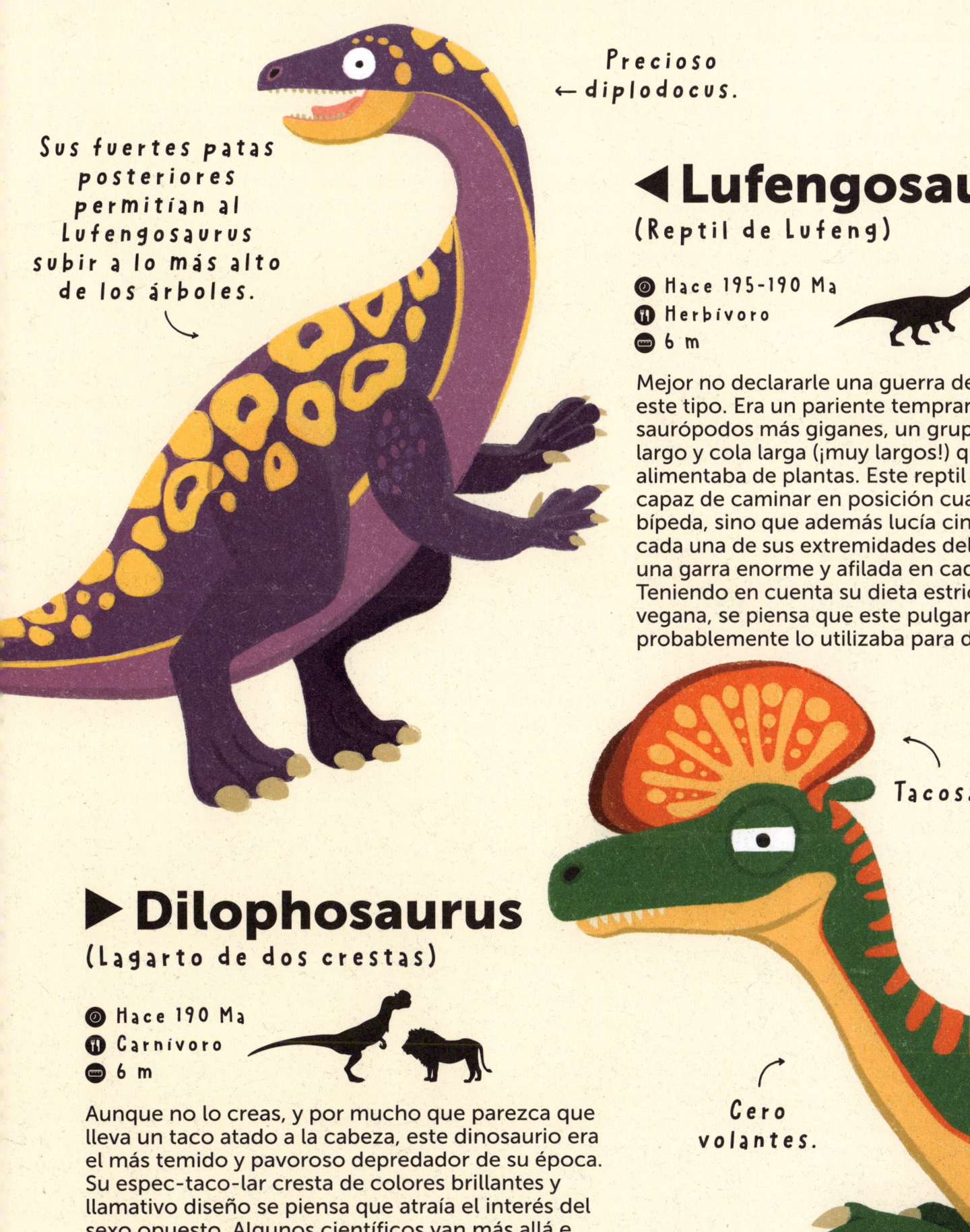

Precioso
← diplodocus.

Sus fuertes patas
posteriores
permitían al
Lufengosaurus
subir a lo más alto
de los árboles.

◀ Lufengosaurus
(Reptil de Lufeng)

- ⏱ Hace 195-190 Ma
- 🍴 Herbívoro
- 📏 6 m

Mejor no declararle una guerra de pulgares a este tipo. Era un pariente temprano de los saurópodos más giganes, un grupo de cuello largo y cola larga (¡muy largos!) que se alimentaba de plantas. Este reptil no solo era capaz de caminar en posición cuadrúpeda o bípeda, sino que además lucía cinco dedos en cada una de sus extremidades delanteras, con una garra enorme y afilada en cada pulgar. Teniendo en cuenta su dieta estrictamente vegana, se piensa que este pulgar mortal probablemente lo utilizaba para defenderse.

Tacosaurio.

▶ Dilophosaurus
(Lagarto de dos crestas)

- ⏱ Hace 190 Ma
- 🍴 Carnívoro
- 📏 6 m

Cero
volantes.

Aunque no lo creas, y por mucho que parezca que lleva un taco atado a la cabeza, este dinosaurio era el más temido y pavoroso depredador de su época. Su espec-taco-lar cresta de colores brillantes y llamativo diseño se piensa que atraía el interés del sexo opuesto. Algunos científicos van más allá e incluso creen que la cresta podía haber ido rematada con unos sacos de aire inflables para conseguir un efecto de «mírame», similares a los que algunas aves modernas tienen hoy en la garganta.

▶ Kulindadromeus

(Corredor de Kulandi)

- 🕐 Hace 174-145 Ma
- 🍴 Herbívoro
- 📏 1 m

En su día, los científicos pensaban que las plumas eran exclusivas de los terópodos (el grupo que incluye al T. rex y a otros antepasados de las aves modernas). Sin embargo, este bicho raro herbívoro y de dos patas pertenecía a los ornitópodos, una especie de dinosaurio con pico y comedores de plantas como el Parasaurolophus. Sus fósiles nos muestran unas sencillas plumas que parecían pelos, junto a otras más complejas. Gracias a este hallazgo, supimos que existían muchos tipos distintos de dinosaurios con plumas.

Cerebro de plumas.

▲ Shunosaurus

(Lagarto de Sichuan)

- 🕐 Hace 170-160 Ma
- 🍴 Herbívoro
- 📏 10 m

El Shunosaurus quizá fue más pequeño que algunos de sus primos más gigantes (como el Brachiosaurus de la página 55 o el Mamenchisaurus en la página 53), pero tenía un arma secreta con la que los otros grandes no contaban. Este saurópodo llevaba un garrote aterradoramente pesado y puntiagudo en el extremo de su cola y era capaz de acabar con cualquier atacante de un solo golpe.

▼ Huayangosaurus
(Reptil de Huayang)

- ⏱ Hace 170-163 Ma
- 🍴 Herbívoro
- 📏 4 m

Este estegosaurio primitivo no es más que un pequeño personaje espinoso. No contento con la doble hilera de largas púas que se extienden desde su cuello hasta la punta de su cola, también se las ingenió para hacer brotar dos púas más, las cuales sobresalían lateralmente justo por encima de sus extremidades anteriores. En las fiestas prehistóricas, todo hay que decirlo, el Huayangosaurus no era la mejor pareja con la que echar un baile.

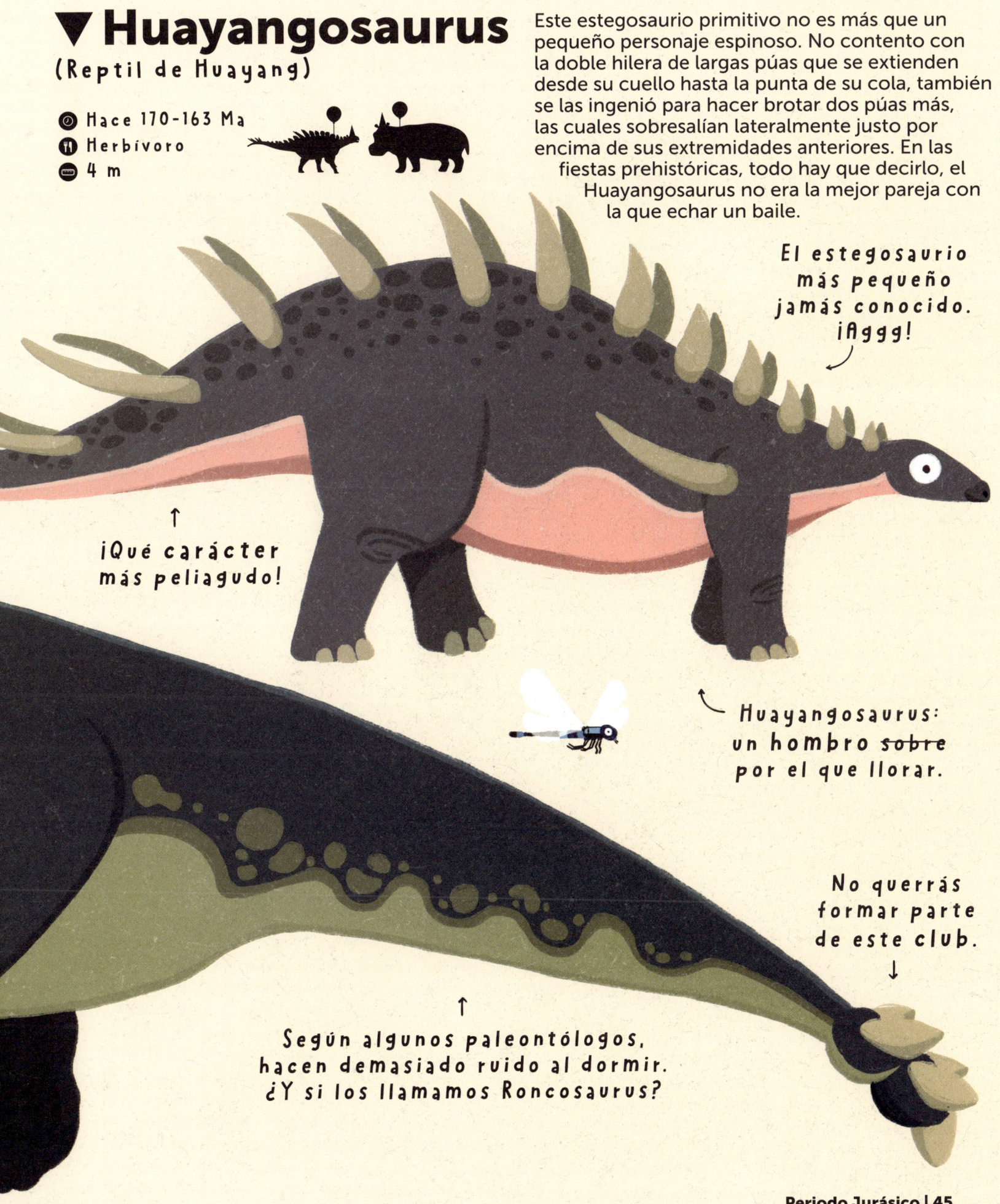

El estegosaurio
más pequeño
jamás conocido.
¡Aggg!

↑
¡Qué carácter
más peliagudo!

Huayangosaurus:
un hombro ~~sobre~~
por el que llorar.

No querrás
formar parte
de este club.
↓

↑
Según algunos paleontólogos,
hacen demasiado ruido al dormir.
¿Y si los llamamos Roncosaurus?

Tianchisaurus

(Lagarto de piscina celestial)

- 🕐 Hace 170-166 Ma
- 🍴 Herbívoro
- 📏 4 m

Este pequeño batallador podría llevarse la medalla de oro al nombre más peculiar (y no solo por lo de piscina celestial). Su especie se llama *Tianchisaurus nedegoapeferima*. La segunda palabra está formada por las dos primeras letras de los apellidos del reparto de la película original de *Jurassic Park* (Sam Neill, Laura Dern, Jeff Goldblum, Richard Attenborough, Bob Peck, Martin Ferrero, Ariana Richards y Joseph Mazzello). Vaya, parece que se olvidaron de incluir la «t» de Attenborough, ¿no? ¡A los paleontólogos hay que darlos de comer aparte!

Cejas acorazadas.
↓

Pico a prueba de bomba.
↑

Uñas duras de los pies.
↗

Su presa debía de morirse de miedo.

↑
Dientes afilados y dentados como cuchillos para carne. ¡Increíble!

¿Ves esta pelusilla? ¡Pues te va a aplastar!

Proceratosaurus
(Lagarto anterior a Ceratosaurus)

- 🕐 Hace 167-164 Ma
- 🍴 Carnívoro
- 📏 3 m

Este tirano diminuto pero dientudo es, en realidad, el pariente más antiguo conocido del bastante más enorme T. rex. Aunque la inusual cresta de su hocico pudo valerle para exhibirse, según otra teoría también es posible que lo ayudara a reducir la presión sobre el cráneo mientras el dinosaurio masticaba su presa.

▼ Anchiornis
(Casi ave)

- 🕐 Hace 167-150 Ma
- 🍴 Insectívoro
- 📏 34 cm

Este dinosaurio del tamaño de un pollo estaba cubierto de plumas de la cabeza a los pies. Sin embargo, apenas le valían para nada, ya que eran demasiado cortas para ayudarlo a volar a gran distancia. Por eso, se cree que el Anchiornis planeaba de rama en rama. Este fue el primer fósil de dinosaurio que arrojó pruebas sobre el color original del animal. Mediante el análisis de células de plumas fosilizadas, los científicos han logrado adivinar el tono del plumaje del Anchiornis con un noventa por ciento de certeza. Se piensa que era blanco y negro y que tenía una cresta rojiza, similar a la de un pájaro carpintero.

El pájaro carpintero de la tatatatatatatatatarabuela.

El plumaje del Anchiornis no era el ideal para volar, pero hacía las veces de un excelente paracaídas.

Bombachos del Jurásico.

▶ Epidexipteryx
(Pluma exhibidora)

- 🕐 Hace 164-161 Ma
- 🍴 Insectívoro
- 📏 24 cm

Su extraño aspecto sería absolutamente terrorífico si no fuera tan diminuto. De hecho, el Epidexipteryx fue uno de los dinosaurios no avianos más pequeños que existieron (los dinosaurios avianos eran, y siguen siendo, aves). Tenían cuatro largas plumas en la cola con las que parece que tan solo presumían delante de sus posibles parejas.

▶ Jeholopterus

(Ala de Jehol)

- 🕐 Hace 164-161 Ma
- 🍴 Insectívoro
- 📏 90 cm de envergadura

Para los insectos de mitad del Jurásico, este pequeño pterosaurio era un auténtico murciélago recién llegado del infierno. ¡Un Draculasaurus en toda regla! Los Jeholopterus eran pterosaurios dentudos y mordedores a los que les apasionaba darse un festín a base de grandes y jugosos bichos jurásicos. ¡Qué asco!

↑
¡Agggg!

Diminuto T. rex
en carnaval.

↑
Plumas
flagrantemente
elegantes.

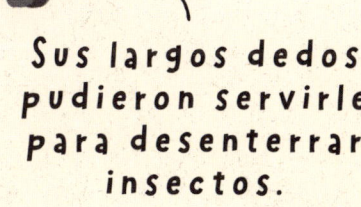

Sus largos dedos
pudieron servirle
para desenterrar
insectos.

Espantadepredadores.

↑
Demasiado
grande para
fallar.

Dicraeosaurus
(Lagarto bifurcado)

- 🕐 Hace 163-145 Ma
- 🍴 Herbívoro
- 📏 12 m

Este dino era un saurópodo, pero, mientras que sus primos más cercanos tenían cuellos largos y cabezas diminutas, el Dicraeosaurus destacaba por su cabeza relativamente grande y su cuello corto y ancho. Su nombre proviene de la doble hilera de espinas que se extienden desde su cabeza y hacia abajo a lo largo de toda su columna vertebral. Hoy se cree que estas espinas pudieron haberlo ayudado a espantar a cualquier amante de la carne que intentara comerlo. «¡Esta cena tiene demasiadas espinas, mami!».

Gracias por pisotearme.

¡Modelo de coronación!

¡Camaleón aguafiestas!

↑ Ridiculísima gorguera en tono rojizo.

Guanlong
(Dragón coronado)

🕐 Hace 163-158 Ma
🍴 Carnívoro
📏 2,5 m

Este «dragón coronado» lucía en el rostro una decoración de lo más llamativa. Su cresta no tenía más que el grosor de un *crêpe*, por lo que debía de ser increíblemente delicada. Algunos paleontólogos incluso creen que la cresta era de colores brillantes y que quizás hasta cambiaba de color. Lo cierto es que es un poco difícil meter miedo cuando parece que tienes un colorido *crêpe* de gominolas pegado a tu nariz.

Una cabeza de altura (afortunadamente).

◀ **Mamenchisaurus**
(Reptil de Mamenchi)

- ◷ Hace 160-145 Ma
- 🍴 Herbívoro
- 📏 30 m

El Mamenchisaurus se lleva el galardón al dinosaurio de cuello largo más extenso de todos los tiempos. De hecho, solo su cuello llegaba a extenderse más de 15 metros, así que... ¡era más largo que un autobús escolar! Para que te hagas una idea, el cuello de una jirafa únicamente mide 1,5 metros. ¡Buah, qué bajita!

El fin del negocio.

El hobby favorito del Rhamphorhynchus era la pesca con mosca.

◀ **Rhamphorhynchus**
(Hocico con pico)

- ◷ Hace 163-145 Ma
- 🍴 Piscívoro
- 📏 2 m

Este temible pescador era miembro de la familia de los pterosaurios. Tenía una cabeza larga y delgada, y las mandíbulas repletas de dientes como agujas, perfectas para sujetar a los escurridizos pececillos que intentaban atrapar para su cena.

▲Ambopteryx
(Ambas alas de largos brazos)

- ◷ Hace 160 Ma
- ⊖ Omnívoro
- ▭ 30 cm

Los bosques de la China jurásica fueron el dulce hogar de un habitante de los árboles muy inusual. La pequeña forma esponjosa que se atisbaba correteando por las ramas bien podría haberse confundido con una ardilla primitiva, pero, en cuanto extendía sus largas alas coriáceas, de repente se transformaba en algo más parecido a un murciélago de largas patas con plumas en la cola. ¡Qué escalofríos!

▼Yingshanosaurus
(Lagarto de Yingshan)

- ◷ Hace 159-142 Ma
- ⊖ Herbívoro
- ▭ 4-5 m

Este devorador de plantas tenía las características habituales de la familia de los estegosaurios: placas vertebrales, púas en la cola, cerebro diminuto... (¡bostezo!). Sin embargo, lo que lo diferenciaba de sus primos con púas eran las dos grandes alas en forma de espinas, de unos 80 centímetros de largo, que se extendían desde sus hombros. ¡Parecía como si hubiera robado las sandalias aladas del dios griego Hermes!

El Señor de las Alas.

Puntas comunes de estegosauro.

Flatulencia jurásica.
Aviso legal importantísimo:
al igual que las aves
modernas, es probable
que el Ambopteryx
no pudiera ventosear.

¿Fosas nasales en
la frente? ¿Cuello
superlargo? Podrían
ser adaptaciones
evolutivas para escapar
del pestazo de sus
malolientes pies. ¡Puaj!

◀ Brachiosaurus

(lagarto brazo)

- Hace 154-150 Ma
- Herbívoro
- 24 m

A diferencia de la mayoría de los demás saurópodos, el Brachiosaurus tenía las patas delanteras más largas que las traseras, lo que le confería un aspecto erguido. Pero las fosas nasales situadas en la parte superior de su cabeza no podían ser más extrañas. Tiempo atrás, los científicos llegaron a pensar que pudieron hacer las veces de un esnórquel para chapuzones profundos, pero ahora más bien creen que el aire de los conductos nasales ayudaba a evitar que el cerebro del Brachiosaurus se sobrecalentara. ¡Podían haber probado a comerse un helado de un bocado!

▼ Gargoyleosaurus
(Lagarto górgola)

- 🕐 Hace 154-142 Ma
- 🍴 Herbívoro
- 📏 4 m

Basta con ver a este pequeño anquilosaurio acorazado para saber que era mejor no meterse con él. Además de las protuberancias punzantes que recorrían toda su espalda, lucía una serie de púas afiladas a lo largo de cada lado de su cuerpo. Claramente, a este dinosaurio le gustaba tener su espacio.

▶ Hesperosaurus
(Lagarto del oeste)

- 🕐 Hace 154-142 Ma
- 🍴 Herviboro
- 📏 6 m

Con sus deliciosas placas y su mortífero thagomizer (que era como se llamaban esos cuatro pinchos que tenía en la cola), el Hesperosaurus pisoteó este planeta millones de años antes que su famoso primo, el estegosaurio. También es uno de los pocos dinosaurios que han dejado fósiles de su piel. Su mitad inferior estaba cubierta de escamas pequeñas y hexagonales, mientras que, más arriba, las escamas más grandes se agrupaban formando rosetas. ¡Increíble!

Hocico escultural.
↓

↑
Gargoyleosaurus: cara empedrada.

Barbilla cincelada. ↗

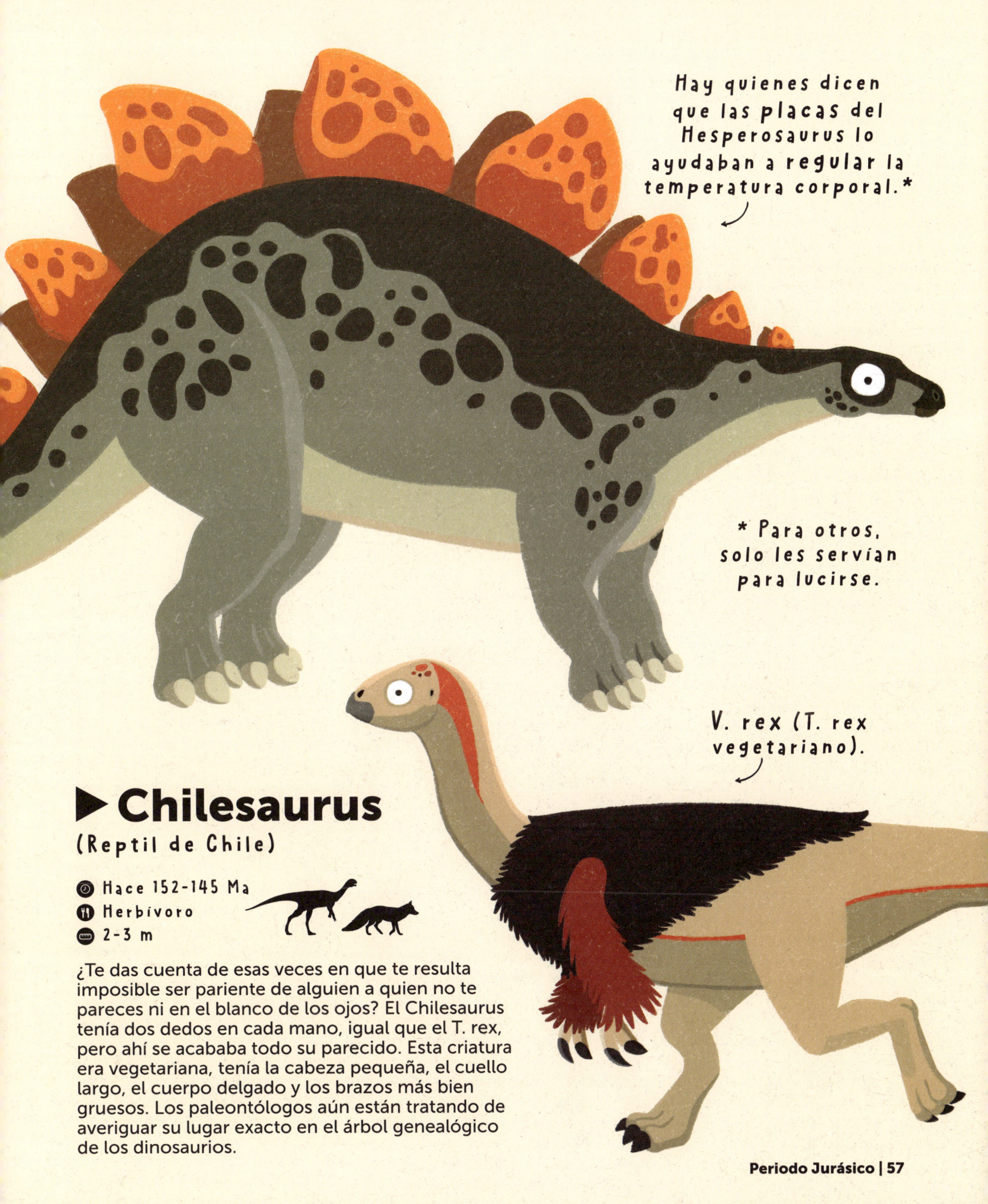

Hay quienes dicen que las placas del Hesperosaurus lo ayudaban a regular la temperatura corporal.*

* Para otros, solo les servían para lucirse.

V. rex (T. rex vegetariano).

▶ Chilesaurus
(Reptil de Chile)

- ◷ Hace 152-145 Ma
- 🍴 Herbívoro
- ▭ 2-3 m

¿Te das cuenta de esas veces en que te resulta imposible ser pariente de alguien a quien no te pareces ni en el blanco de los ojos? El Chilesaurus tenía dos dedos en cada mano, igual que el T. rex, pero ahí se acababa todo su parecido. Esta criatura era vegetariana, tenía la cabeza pequeña, el cuello largo, el cuerpo delgado y los brazos más bien gruesos. Los paleontólogos aún están tratando de averiguar su lugar exacto en el árbol genealógico de los dinosaurios.

▶ Chaoyangsaurus

(Lagarto de Chaoyang)

- 🕐 Hace 152-145 Ma
- 🍽 Herbívoro
- 📏 1 m

El Chaoyangsaurus es el primer ceratopsiano conocido. Esta familia de dinosaurios se caracteriza por una cresta ósea en la parte posterior del cráneo, una boca en forma de pico y una dieta herbívora (conoce al Einiosaurus, en la página 77; al Kosmoceratops, en la página 79, y al Nedoceratops, en la página 91). Hoy se cree que el Chaoyangsaurus tenía púas en la parte inferior de la espalda y en la cola. (¡Ay!).

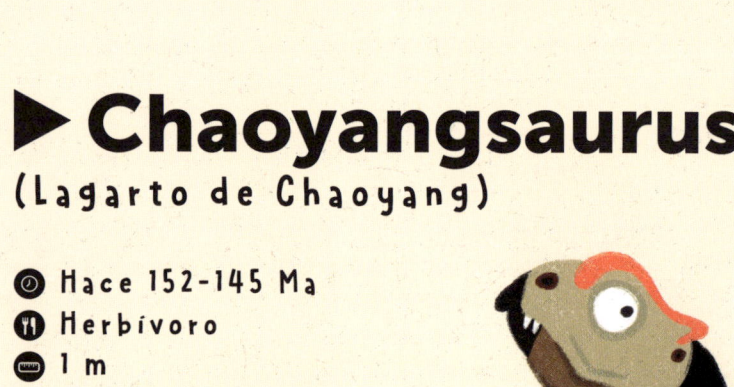

↑
Tremenda potencia de pluma.

El Fruitadens pesaba menos que una piña.

↑
Devorapizzas.

▲ Fruitadens

(Diente de Fruita)

- 🕐 Hace 150-145 Ma
- 🍽 Omnívoro
- 📏 65 cm

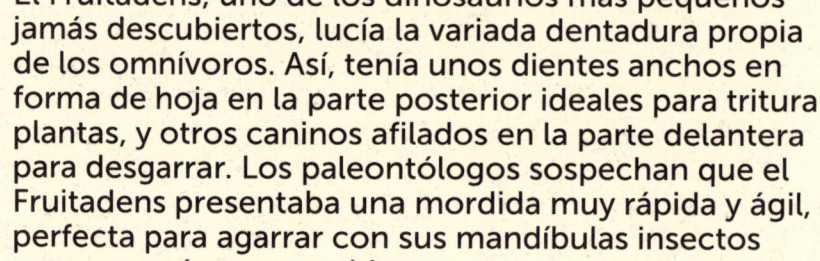

El Fruitadens, uno de los dinosaurios más pequeños jamás descubiertos, lucía la variada dentadura propia de los omnívoros. Así, tenía unos dientes anchos en forma de hoja en la parte posterior ideales para triturar plantas, y otros caninos afilados en la parte delantera para desgarrar. Los paleontólogos sospechan que el Fruitadens presentaba una mordida muy rápida y ágil, perfecta para agarrar con sus mandíbulas insectos que se movían con rapidez.

▼ Archaeopteryx
(Ala antigua)

- ◉ Hace 149-145 Ma
- 🍴 Carnívoro
- ▭ 50 cm

Cuando se descubrió el primer fósil de Archaeopteryx, la gente se quedó superconfundida. ¡Nadie se imaginaba que los pájaros hubieran existido hacía tantísimo tiempo! Hubo gente que hasta pensó que esos restos podían pertenecer a un ángel. Con sus amplias alas cubiertas de plumas, sus garras y su pequeño cuerpo, sin duda, tenía mucho en común con los pájaros modernos. Pero… ¿qué hay de sus dientes afilados y de su larga cola ósea?

Madrugador.

Graznido jurásico.

El Archaeopteryx no era un ángel.

Período Cretácico

Hace 145-66 millones de años

El Cretácico fue la tercera y última gran era de los dinosaurios. En esta época vivieron algunos saurios superfamosos como el Tiranosaurio, el Velociraptor y y el Triceratops, así como toda esta manada de bichos raros. Sin embargo, un buen día, su mundo llegó a su fin tras un fuerte estruendo (no te pierdas la página 92).

Bajadasaurus
🔊 Bah-HAH-dah-SAWR-us
página 62

Concavenator
🔊 KON-kah-ven-AH-tor
página 63

Amargasaurus
🔊 Ah-MAR-gah-SAWR-us
página 64

Microraptor
🔊 MY-kro-RAP-tor
página 66

Nigersaurus
🔊 NEE-zhair-SAWR-us
página 66

Incisivosaurus
🔊 In-SIGH-zee-voh-SAWR-us
página 67

Caudipteryx
🔊 Kaw-DIP-ter-IKS
página 68

Pterodaustro
🔊 TAIR-oh-DOW-stroh
página 69

Suzhousaurus
🔊 SOO-zhoh-SAWR-us
página 69

Psittacosaurus
🔊 Sit-TAK-oh-SAWR-us
página 70

Oryctodromeus
🔊 Or-IK-toh-DROH-me-us
página 71

Spinosaurus
🔊 SPY-no-SAWR-us
página 72

Parasaurolophus
🔊 PAIR-uh-saw-RAH-luh-fus
página 74

Nyctosaurus
🔊 NIK-toh-SAWR-us
página 75

Gigantoraptor
🔊 Jai-GAN-toh-RAP-tor
página 76

Einiosaurus
🔊 EYE-nee-oh-SAWR-us
página 77

Carnotaurus
🔊 CAR-no-TAW-rus
página 78

Kosmoceratops
🔊 KOZ-moh-SAIR-ah-tops
página 79

Euoplocephalus
🔊 YOO-op-loh-SEF-uh-lus
página 80

Tsintaosaurus
🔊 SIN-TOW-sawr-us
página 81

Lambeosaurus
🔊 LAM-bee-oh-SAWR-us
página 82

Rhinorex
🔊 RYI-no-rex
página 84

Halszkaraptor
🔊 HALSH-kah-RAP-tor
página 85

Chirostenotes
🔊 Ky-ROH-sten-OH-teez
página 85

Masiakasaurus
🔊 MAH-zhee-AH-kah-SAUR-us
página 86

Qianzhousaurus
🔊 CHIEN-jow-SAWR-us
página 87

Therizinosaurus
🔊 THAIR-ih-ZIN-oh-SAWR-us
página 87

Pachycephalosaurus
🔊 PAK-ee-SEF-uh-loh-SAWR-us
página 88

Quetzalcoatlus
🔊 KET-zal-koh-AHT-lus
página 90

Mononykus
🔊 MON-oh-NYE-kus
página 91

Nedoceratops
🔊 NED-oh-SAIR-ah-tops
página 91

Cresta punk prehistórica.

↑
La vida se le hacía cuesta abajo al Bajadasaurus.

Bajadasaurus
(Reptil de Bajada Colorada)

- 🕐 Hace 140 Ma
- 🍴 Hervíboro
- ▭ 12 m

El Bajadasaurus tenía unas enormes espinas que recorrían el largo de su cuello, pero, como excepción entre los saurópodos, miraban hacia delante. Se cree que su enorme cresta ósea fue para ellos algo así como un arma defensiva que les protegía la cabeza y el cuello de los depredadores hambrientos. O, quién sabe, tal vez es que les gustaba bailar al ritmo de himnos punk de la prehistoria

Concavenator
(Cazador de Cuenca jorobado)

- ⏱ Hace 130-125 Ma
- 🍴 Carnívoro
- ▭ 4 m

La abultada joroba del Concavenator no era su única peculiaridad. Este dinosaurio también alardeaba de unas extrañas «protuberancias para plumas» que le brotaban de los brazos. Es algo curioso, pues este tipo de crestas por lo general solo se ven en las aves modernas. Los científicos de hoy piensan que a este terópodo escamoso podrían haberle brotado extravagantes y coloridas plumas durante la época de apareamiento. Lo del ramo de rosas ya es agua pasada. Para ligar, nada como sacarse plumas del codo.

¿Y esa joroba? Algunos paleontólogos sugieren que el Concavenator era → un saurio fracasado.

Un donjuán del Cretácico.

Vestido para impresionar.

Tan grande como un autobús y el doble de grumoso.

Amargasaurus: la inspiración para un musical. ¿Alguna → relación con el grupo de percusión Stomp?

Antiguo aire acondicionado.

Amargasaurus
(Reptil de Amarga)

- 🕐 Hace 129-122 Ma
- 🍴 Herviboro
- ⬭ 9-10 m

Hablando de peinados extraños, la doble fila de espinas que sobresalía de la espalda de este dinosaurio hace que parezca el salmonete más sexi de la prehistoria. Los científicos aún no tienen muy clara la utilidad de esas espinas. Algunos piensan que podrían haber servido para disuadir a los depredadores, mientras que otros apuntan a que quizás estaban cubiertas por la piel, de tal modo que creaban una estructura similar a una vela que ayudaba a este gentil gigante a mantenerse fresco.

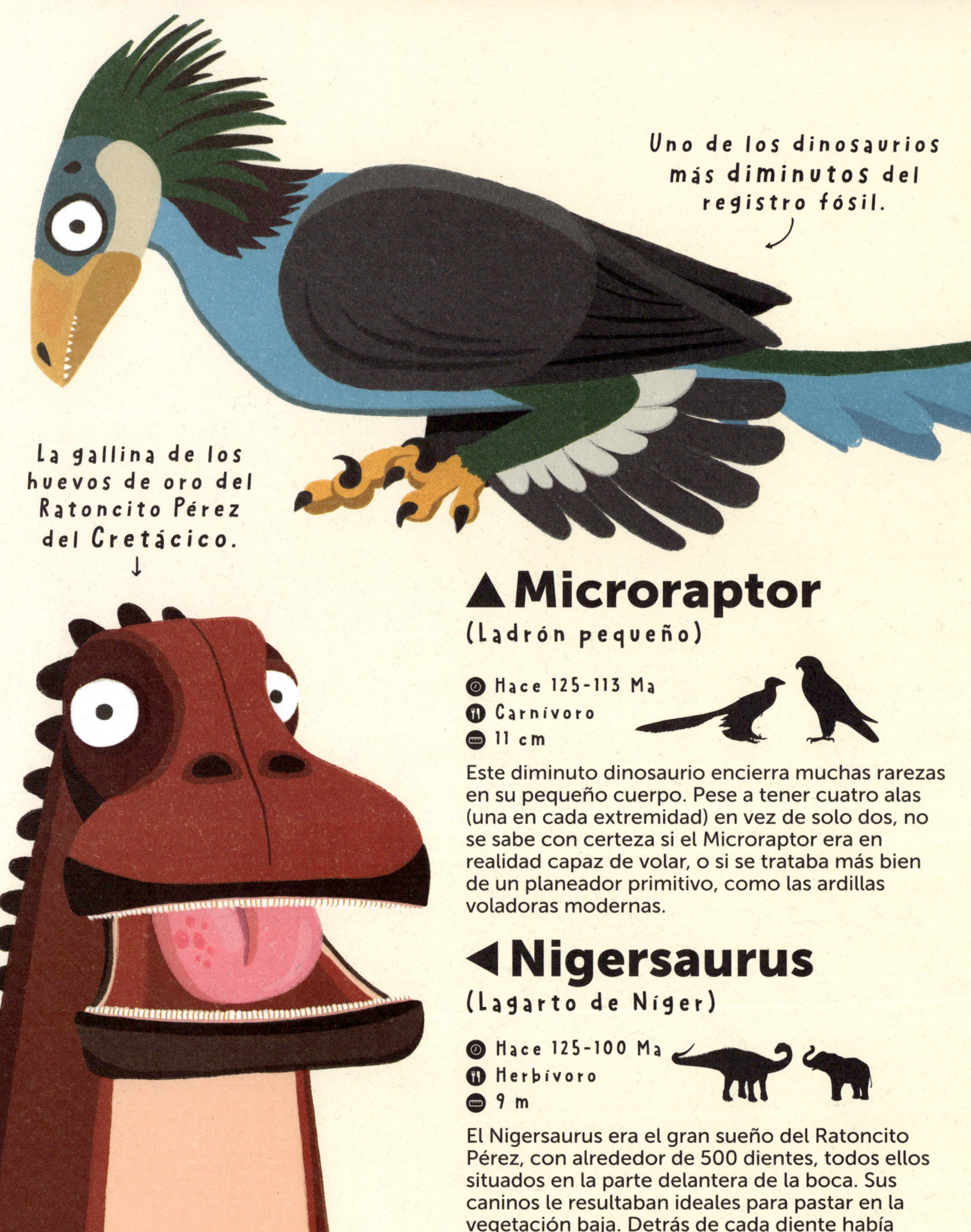

Uno de los dinosaurios más diminutos del registro fósil.

La gallina de los huevos de oro del Ratoncito Pérez del Cretácico.

▲ **Microraptor**
(Ladrón pequeño)

- 🕐 Hace 125-113 Ma
- 🍴 Carnívoro
- 📏 11 cm

Este diminuto dinosaurio encierra muchas rarezas en su pequeño cuerpo. Pese a tener cuatro alas (una en cada extremidad) en vez de solo dos, no se sabe con certeza si el Microraptor era en realidad capaz de volar, o si se trataba más bien de un planeador primitivo, como las ardillas voladoras modernas.

◀ **Nigersaurus**
(Lagarto de Níger)

- 🕐 Hace 125-100 Ma
- 🍴 Herbívoro
- 📏 9 m

El Nigersaurus era el gran sueño del Ratoncito Pérez, con alrededor de 500 dientes, todos ellos situados en la parte delantera de la boca. Sus caninos le resultaban ideales para pastar en la vegetación baja. Detrás de cada diente había otros nueve de reemplazo, listos para tomar el relevo cuando uno por algún motivo se desgastara o se rompiera. ¡Dientes al poder!

Prototipo prehistórico de Bugs Bunny.
↓

¡Qué lindo roedor!

▶ Incisivosaurus
(Lagarto incisivo)

- 🕐 Hace 125-122 Ma
- 🍴 Herbívoro
- 📏 1 m

Esta belleza dientuda lleva años dejando a los paleontólogos boquiabiertos. Y es que no solo sus afilados dientes de castor resultan de por sí extraños, sino que son aún más peculiares vistos en un terópodo. Aunque el Incisivosaurus podría estar emparentado con dinosaurios carnívoros como el T. rex, sus dientes delanteros similares a los de una rata (perfectos para roer) y sus mandíbulas repletas de dientes planos (listos para triturar) sugieren que esta especie era vegetariana. Hay quien la llama Conejosaurio... ¡ya imaginaréis por qué!

Caudipteryx
(Cola emplumada)

- ◎ Hace 125 Ma
- 🍴 Omnívoro
- 📏 90 cm

Sus patas de pollo, su cuerpo emplumado y su pico similar al de un pájaro no son las características más inusuales del Caudipteryx. Trata de ver un poco más allá y en el extremo de su cola descubrirás su rasgo más peculiar: su cola en forma de abanico recuerda al despliegue de un pequeño pavo real. Y, en efecto, para eso servía, para comunicarse y atraer al sexo opuesto. Digamos que sabía mover el esqueleto para tenerlas a todas en el bote.

Cresta engreída.

¡Un plumaje disparatado!

¿Qué harías tú si te encontraras con un Caudipteryx azul? ¡Un selfi!

Aposentosaurus.

◄ Pterodaustro
(Ala del sur)

- ⏱ Hace 125-100 Ma
- 🍴 Piscívoro
- 📏 3 m de envergadura

Este pterosaurio muy similar a un pelícano tenía 500 pares de estructuras elásticas en forma de cerdas que recubrían la parte inferior de su mandíbula. ¡Se parecían a las barbas de una ballena! Justo esto es lo que ha llevado a los científicos a pensar que quizás fuera un alimentador filtrador, que cogía el agua y la colaba para quedarse con diminutos animales como los camarones y otros pequeños crustáceos.

Pterodaustro: resultaba no ser tan bonito en rosa.

Eduardo Manostijeras + dodo = este bicho raro.

Es posible que sus muy largas garras les facilitaran la vida a la hora de bajar ramas y llegar al follaje más alto.

► Suzhousaurus
(Lagarto de Suzhou)

- ⏱ Hace 115 Ma
- 🍴 Herbívoro
- 📏 6 m

El Suzhousaurus, que aglutinaba un batiburrillo de características muy distintas, debió de pesar alrededor de 1300 kilogramos, más o menos el peso de un coche pequeño. Sus horripilantes garras de un metro de largo se cree que le sirvieron para ayudarlo a cosechar su frondoso almuerzo y a disuadir a los curiosos carnívoros.

Psittacosaurus
(Lagarto con pico de loro)

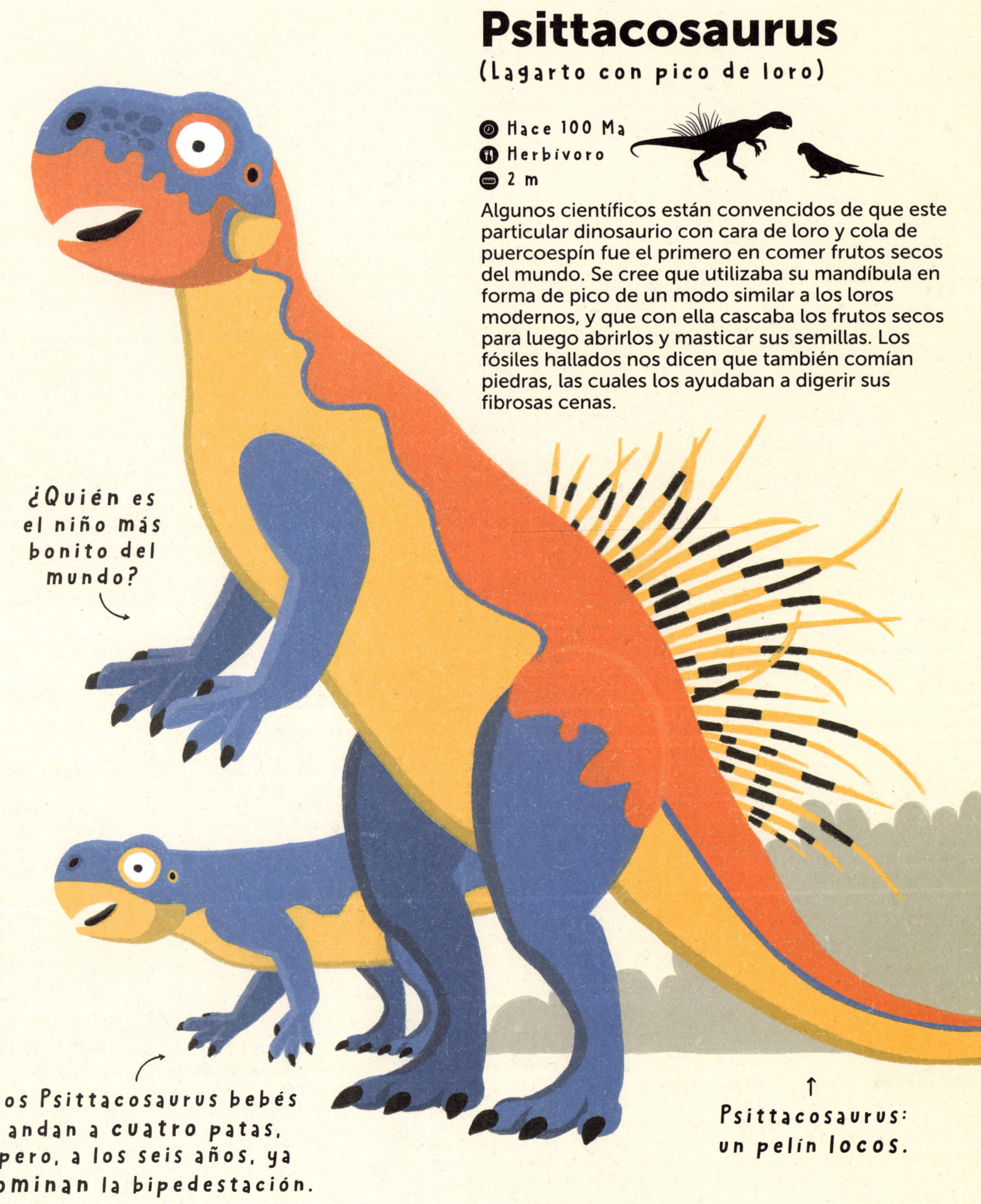

- ⏱ Hace 100 Ma
- 🍴 Herbívoro
- 📏 2 m

Algunos científicos están convencidos de que este particular dinosaurio con cara de loro y cola de puercoespín fue el primero en comer frutos secos del mundo. Se cree que utilizaba su mandíbula en forma de pico de un modo similar a los loros modernos, y que con ella cascaba los frutos secos para luego abrirlos y masticar sus semillas. Los fósiles hallados nos dicen que también comían piedras, las cuales los ayudaban a digerir sus fibrosas cenas.

¿Quién es el niño más bonito del mundo?

Los Psittacosaurus bebés andan a cuatro patas, pero, a los seis años, ya dominan la bipedestación.

↑ Psittacosaurus: un pelín locos.

Oryctodromeus

(Corredor excavador)

- Hace 100-93 Ma
- Herbívoro
- 2 m

El Oryctodromeus fue el primer dinosaurio excavador. Sus fósiles se hallaron en una madriguera, a la que se accedía por una curva en forma de S que dificultaba aún más el acceso a los depredadores. El hocico ancho y las grandes caderas de este dinosaurio lo ayudaban a mantenerse estable mientras excavaba. Se piensa que las madrigueras contribuyeron a que sobreviviera en climas feroces... y a que escapara de depredadores aún más fieros.

Se han descubierto dinosaurios excavadores en Australia, Sudáfrica y Corea.

Dinorronquido.

¡Qué cabezón! Casi 2 metros de largo.

¡Yérguete!

¡Más largo que tres elefantes africanos!

↑ ¿Qué puede dar más miedo que un Spinosaurus? ¡Dos!

Argh!

Spinosaurus
(Lagarto egipcio de espina)

🕐 Hace 99-93 Ma
🍴 Carnívoro/Piscívoro
📏 18 m

En una escala del uno al T. rex, este colosal carnívoro sobrepasaba cualquier límite. El Spinosaurus era el dinosaurio carnívoro más largo de todos (sí, incluso más que el T. rex). Los fósiles nos muestran que su dieta consistía principalmente en peces, y que debió de ser un buen nadador, lo que sugiere que se pasaba la mayor parte del tiempo en el agua. El Spinosaurus tenía una hilera de enormes espinas a lo largo de la espalda, que se cree que sostenían una impresionante estructura en forma de vela. Los paleontólogos sostienen que la vela les servía para exhibirla y que, además, los ayudaba a mantenerse frescos bajo el caluroso sol del Cretácico.

Megáfono del Mesozoico.

¡Eso no es un
← esnórquel!

El Parasaurolophus se
desplazaba en manadas
muuuy numerosas, un
poco como las vacas.

Parasaurolophus
(Cercano al lagarto crestado)

- ⊙ Hace 98-65 Ma
- 🍴 Herbívoro
- ▭ 10 m

Si, al pensar en el pobre y viejo Parasaurolophus,
te viene a la cabeza la imagen de un dinosaurio
con una trompeta atada a la parte posterior de la
cabeza, ¡enhorabuena!, no vas muy desencaminado.
Esa larga estructura ósea tenía en realidad unas
propiedades acústicas que fueron las que quizás
permitieron a este dinosaurio amante de las plantas
comunicarse con otros miembros de su manada
incluso a enormes distancias.

Nyctosaurus

(Lagarto nocturno)

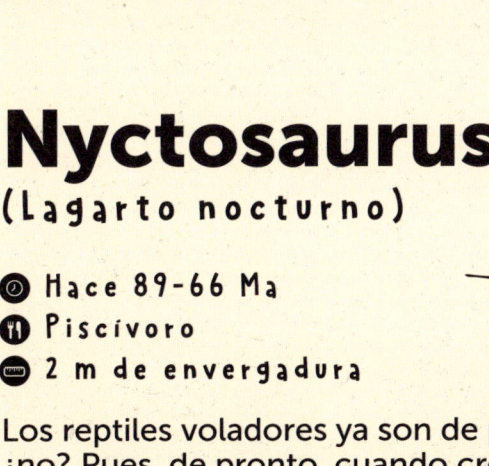

- 🕐 Hace 89-66 Ma
- 🍴 Piscívoro
- 📏 2 m de envergadura

Los reptiles voladores ya son de por sí bastante raros, ¿no? Pues, de pronto, cuando creemos haberlo visto todo, aparece esta cosa con una protuberancia francamente extravagante en forma de asta que le sobresale de la cabeza. ¿Para qué sería? ¿Para pillar mejor el wifi? ¿Para poner a secar la ropa interior? Nadie tiene ni idea. Algunos científicos piensan que solo servía para impresionar a una pareja, mientras que otros incluso han dicho que podrían haber tenido otra membrana que se extendiera por encima, como si fuera una enorme vela para la cabeza.

¿Alguien busca pareja para unas sevillanas?

El pterosauro se fue al baño muy sigilosamente. (Schhh).

El único pterosauro que perdió los tres dedos pequeños de sus alas.

Gigantoraptor

(Ladrón gigante)

- 🕐 Hace 83-90 Ma
- 🍴 Omnívoro
- 📏 8 m

Se piensa que este bicho raro tuvo un pico sin dientes y una cabeza relativamente achaparrada similar a la de un pavo que le conferían el aspecto cómico de los dibujos animados. Pero... ¡que nadie se llame a engaño! No era ningún tierno personaje de peluche. Tan alto como una jirafa, con fortísimas patas y grandes garras en las manos, al Gigantoraptor no se le debió de resistir ningún rival carnívoro del Cretácico.

¡A ver si eres capaz de sacar unas baquetas de este imponente pavo!

¡Auténticos reflejos azules!

¡Alucina, vecina! El Gigantoraptor era tan alto como un autobús de dos pisos.

Los Einiosaurus vivían en manadas, como los bisontes modernos.

Einiosaurus
(Lagarto búfalo)

- 🕐 Hace 83-72 Ma
- 🍴 Herbívoro
- 📏 4 m

Aunque del Einiosaurus llamaban la atención sus fabulosos volantes, lo que realmente lo diferenciaba del resto era su gigantesco cuerno curvado hacia delante, situado justo por encima del hocico. Para algunos paleontólogos, la forma del cuerno indica que este elegante adorno facial lo utilizaban principalmente para exhibirse más que para defenderse.

Carnotaurus
(Toro carnívoro)

- 🕐 Hace 83-66 Ma
- 🍴 Carnívoro
- 📏 8 m

Son precisamente sus cuernos cónicos los que dan a este inusual dinosaurio la parte de «toro» que lleva su nombre. La ciencia nos sugiere que el Carnotaurus pudo incluso haber utilizado sus cuernos para librar combates, como si se tratara de un toro preparado para embestir. ¡Olé! Sin embargo, lo que la evolución dio al Carnotaurus en los cuernos se lo quitó en lo que a los brazos se refiere. Las diminutas extremidades anteriores de este dinosaurio apenas le valían para cazar, defenderse... y mucho menos para cepillarse los dientes.

↑
Los brazos de este dinosaurio eran incluso más cortos que los del T. rex.

Le cae todo bien. Muerde sin rechistar.

Kosmoceratops

(Cara con cuernos adornada)

- 🕐 Hace 83-70 Ma
- 🍴 Herbívoro
- 📏 4,5 m

Presentamos aquí a un digno aspirante al premio al rostro más hermoso de la prehistoria. Sin duda, el Kosmoceratops lleva la ornamentación a un nuevo nivel con su deslumbrante despliegue de volantes, aletas y cuernos adornándole la cabeza. Puede que este herbívoro del Cretácico no llegue a ser nunca tan famoso como su primo el Triceratops, pero irrefutablemente era mucho más elegante.

Un flequillo ventajoso.

↑
Se parece a alguien con quien me topé recolectando bayas.

Euoplocephalus
(Cabeza bien acorazada)

- ⏱ Hace 83-66 Ma
- 🍴 Herbívoro
- 📏 5 m

Algo así como un papamóvil prehistórico, este tanque de dinosaurio cubierto de púas estaba a prueba de balas. El Euoplocephalus era el anquilosáurido mejor blindado gracias a sus placas protectoras, las cuales se extendían incluso sobre su cara (de ahí su nombre). Y por si eso no fuera suficiente para defenderse, era capaz de azotar su fuerte cola en forma de garrote para ahuyentar a otros dinosaurios hambrientos y menos vegetarianos.

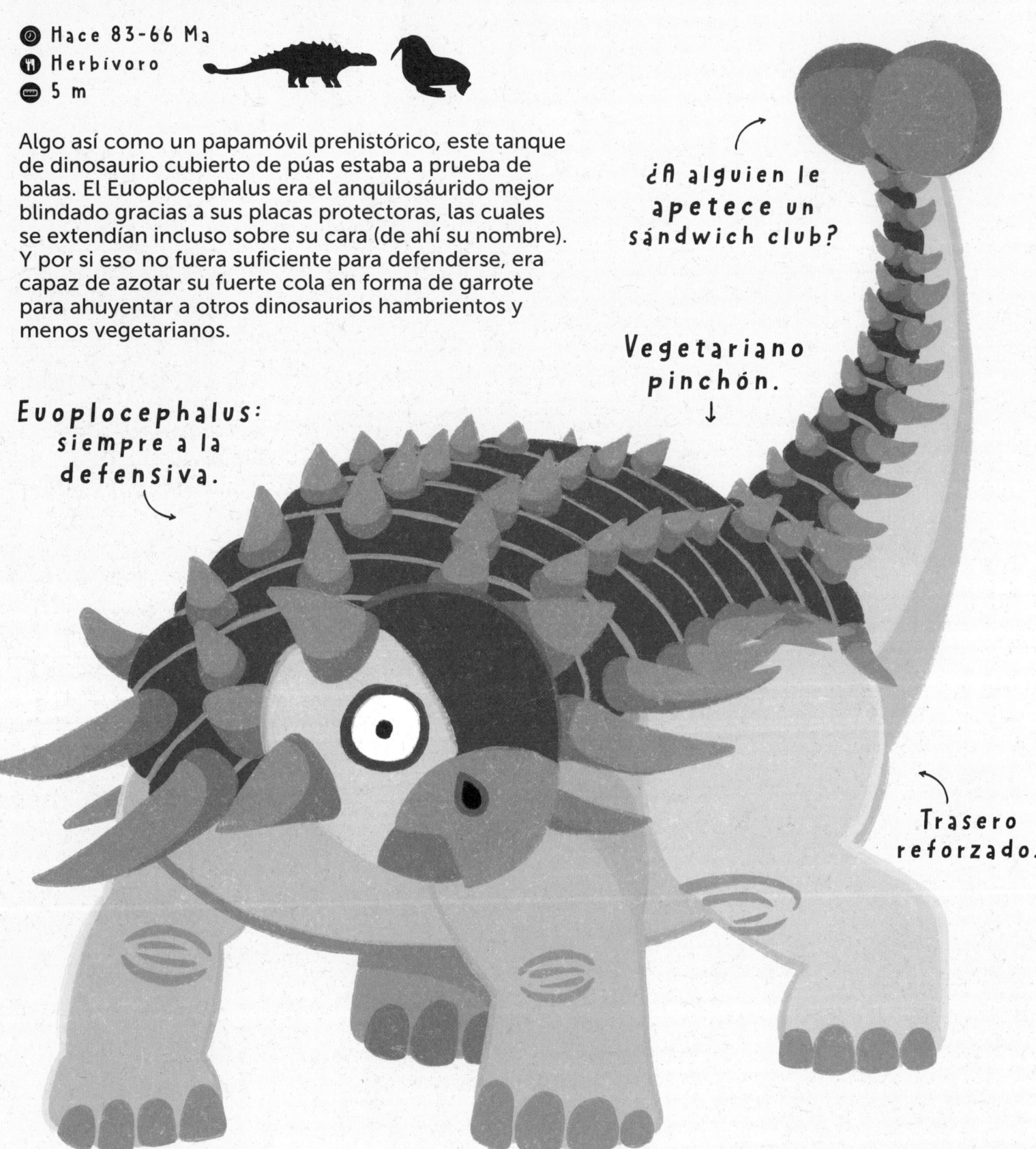

Euoplocephalus: siempre a la defensiva.

¿A alguien le apetece un sándwich club?

Vegetariano pinchón.

Trasero reforzado.

Tsintaosaurus:
el unicornio
del Mesozoico.

¿Qué vendrá después?
¿Una Sirenasaurio?
¿Un Elfosaurio? ¿Un
Duendesaurio Rex?

Tsintaosaurus
(Reptil de Tsingtao)

- Hace 83-72 Ma
- Herbívoro
- 10 m

El Tsintaosaurus era miembro de la familia de los hadrosaurios, unos dinosaurios vegetarianos con pico de pato. Algunos hadrosaurios, como el Parasaurolophus (página 74) y el Lambeosaurus (página 82), tenían cúpulas o unos largos tubos en la cabeza. El Tsintaosaurus no parecía tener más que un único pico orientado hacia delante que le sobresalía de la cabeza, lo que llevó a algunos a referirse a él como un unicornio con cara de pato. Lamentablemente, y debido a la escasez de fósiles, los paleontólogos aún no están nada seguros de cómo podría haber sido su cresta.

Lambeosaurus

(Lagarto de Lambe)

- 🕐 Hace 83-70 Ma
- 🍴 Herbívoro
- 📏 15 m

¡Resulta que a las criaturas del Cretácico les encantaban sus vistosos tocados! Así, con su impresionante cresta ósea y cuanto menos curioso pico de pato, el Lambeosaurus no era una excepción. Puesto que sus fosas nasales se extendían hacia arriba en la cresta, se cree que la pudieron utilizar para mejorar su sentido del olfato o incluso para emitir sonidos fuertes, de forma similar al Parasaurolophus (ve a la página 74).

↑
¿Chistes nuevos
de manadas?
Los tengo muy
manidos.

Por sus fósiles deducimos que los Lambeosaurus vivían en manadas y llegaron a ser bisabuelos.

¿Quién es el que mejor rebaña de nuestro rebaño? Qué malo...

Superhocico.
↓

Mocos tamaño XXL.
¡Qué asco!

¿Qué va detrás del
Chirostenotes?
¡Su cola!

Rhinorex
(Rey de la nariz)

🕐 Hace 75 Ma
🍴 Herbívoro
📏 9 m

Está claro que a quien se le ocurriera lo del «rey de la nariz»
no le faltaba sentido del humor. Dicho esto, es evidente que el
Rhinorex tiene más que unas buenas napias. Parte de la familia
de los dinosaurios con pico de pato, en la que estaban el
Tsintaosaurus (página 81) y el Lambeosaurus (página 82),
se cree que confiaba en su majestuosa nariz para producir
fuertes explosiones y pitidos con los que comunicarse con
otros miembros de la manada.

▶ Halszkaraptor

(Ladrón de Halszka)

- 🕐 Hace 75-71 Ma
- 🍴 Piscívoro
- 📏 45 cm

Con su largo cuello de un cisne, su pequeño cuerpo de ánade real y su pico de ave, este dinosaurio se asemeja, *a priori,* a los patos que podemos ver en el parque el fin de semana. Sin embargo, el Halszkaraptor no fue un antepasado directo de las aves modernas, sino más bien un miembro de los dromaeosaurios, una familia de terópodos no avianos entre los que estaba el velociraptor.

El no cisne primo del cisne.

▼ Chirostenotes

(Manos estrechas)

- 🕐 Hace 79-67 Ma
- 🍴 Omnívoro
- 📏 1,7 m

¿Sabías que los casuarios son unas de las aves más peligrosas que existen, en gran parte debido a la afilada garra que tienen en la parte posterior de la pata? Pues bien, ahora imagínate uno que tuviera brazos con tres garras igualmente afiladas a cada lado, y... ¡ya tendrías el Chirostenotes... o más bien un Chirostenoooooo!

¡Turbopavo → pavoroso!

Alas armadas. ¡Uhhh!

Abrelatas
cretácico.

Masiakasaurus
(Lagarto vicioso)

- Hace 72-66 Ma
- Carnívoro
- 2 m

Apuesto a que, nada más mirar dentro de la boca de cualquier
dinosaurio, empezarías a gritar de miedo, pero créeme si te
digo que lo de este monstruo no tiene comparación. No hay
duda de que sus colmillos frontales no son los más adecuados
para lucirlos en la orla del colegio, pero debieron de resultarles
increíblemente útiles para atrapar peces de la orilla del agua
y cazar otras presas pequeñas y rápidas.

¡Esto sí que son
buenos piños!

¡Fibrosaurio!

Le encantan los humanos para desayunar. ¡No miento!

▲ Qianzhousaurus

(Lagarto de Qianzhou)

- ⏱ Hace 72-66 Ma
- 🍴 Carnívoro
- 📏 6,3 m

Este terópodo de tamaño mediano convivió con su primo el T. rex, bastante más famoso que él. Sin embargo, mientras que el T. rex era objeto de burlas por sus brazos, demasiado cortos, el Qianzhousaurus tuvo que enfrentarse a un problema bien distinto. Conocido por su hocico excepcionalmente largo, a menudo se habla de él como «Pinocho rex».

▶ Therizinosaurus

(Lagarto guadaña)

- ⏱ Hace 72-66 Ma
- 🍴 Herbívoro
- 📏 10 m

El Therizinosaurus tenía las garras más largas de todos los animales.

Imagínate un emú del tamaño de un elefante, y ahora recréalo en tu mente con unos brazos provistos de unas garras como espadas de un metro de largo. Pero ¡que no cunda el pánico! Este dinosaurio no utilizaba sus colosales garras para atrapar su cena (las plantas no suelen requerir tal dominio espadachín). En vez de ello, les servían para evitar convertirse ellos en la cena de otros. Incapaz de dejar atrás a sus depredadores, los científicos creen que el Therizinosaurus habría logrado mantenerse firme blandiendo sus gigantescas garras para defenderse.

¡En guardia!

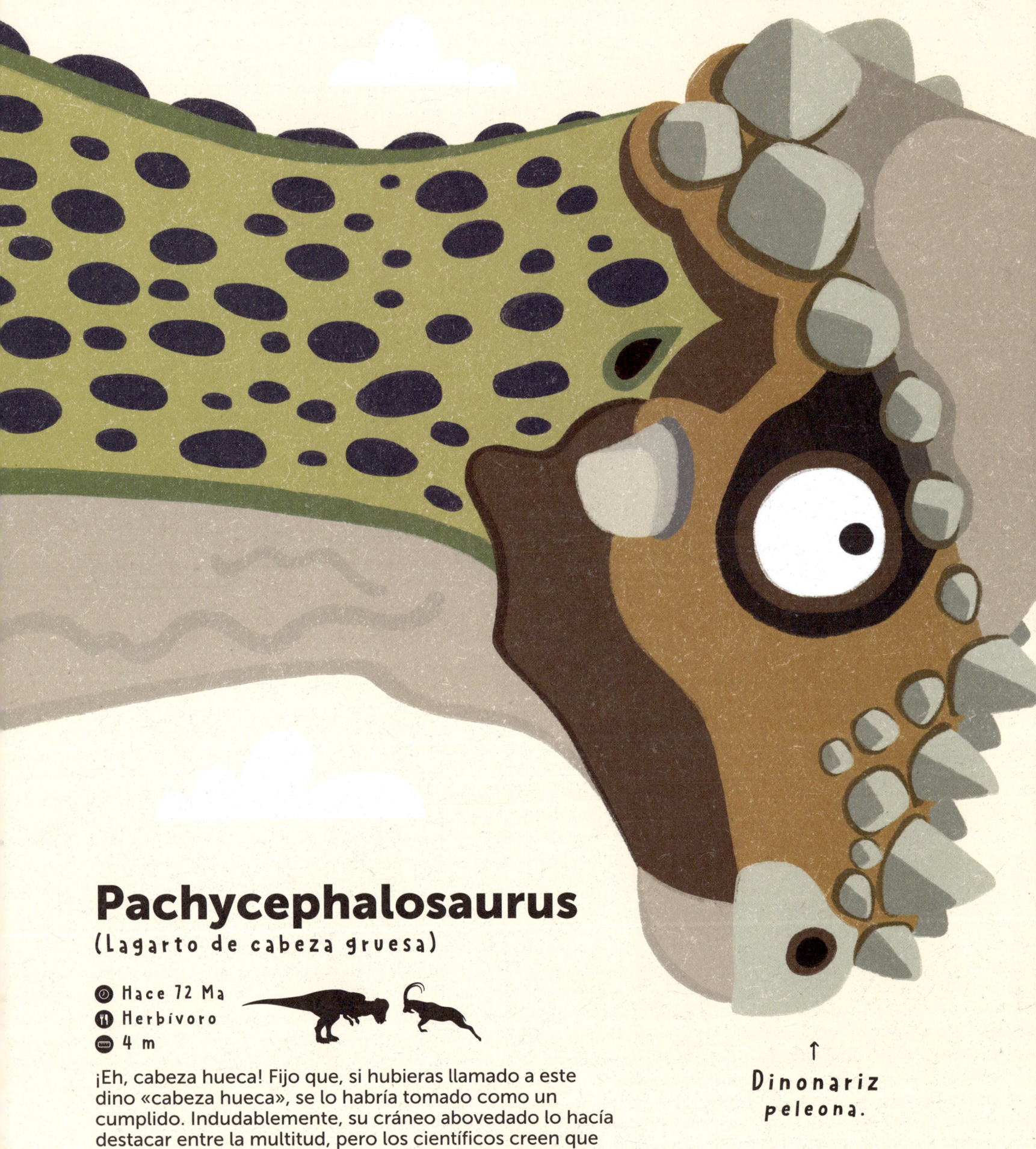

Pachycephalosaurus
(Lagarto de cabeza gruesa)

- ⊘ Hace 72 Ma
- 🍴 Herbívoro
- 🗕 4 m

¡Eh, cabeza hueca! Fijo que, si hubieras llamado a este dino «cabeza hueca», se lo habría tomado como un cumplido. Indudablemente, su cráneo abovedado lo hacía destacar entre la multitud, pero los científicos creen que el Pachycephalosaurus pudo haber utilizado su colosal cabeza para salir triunfador en concursos de cabezazos.

↑
Dinonariz
peleona.

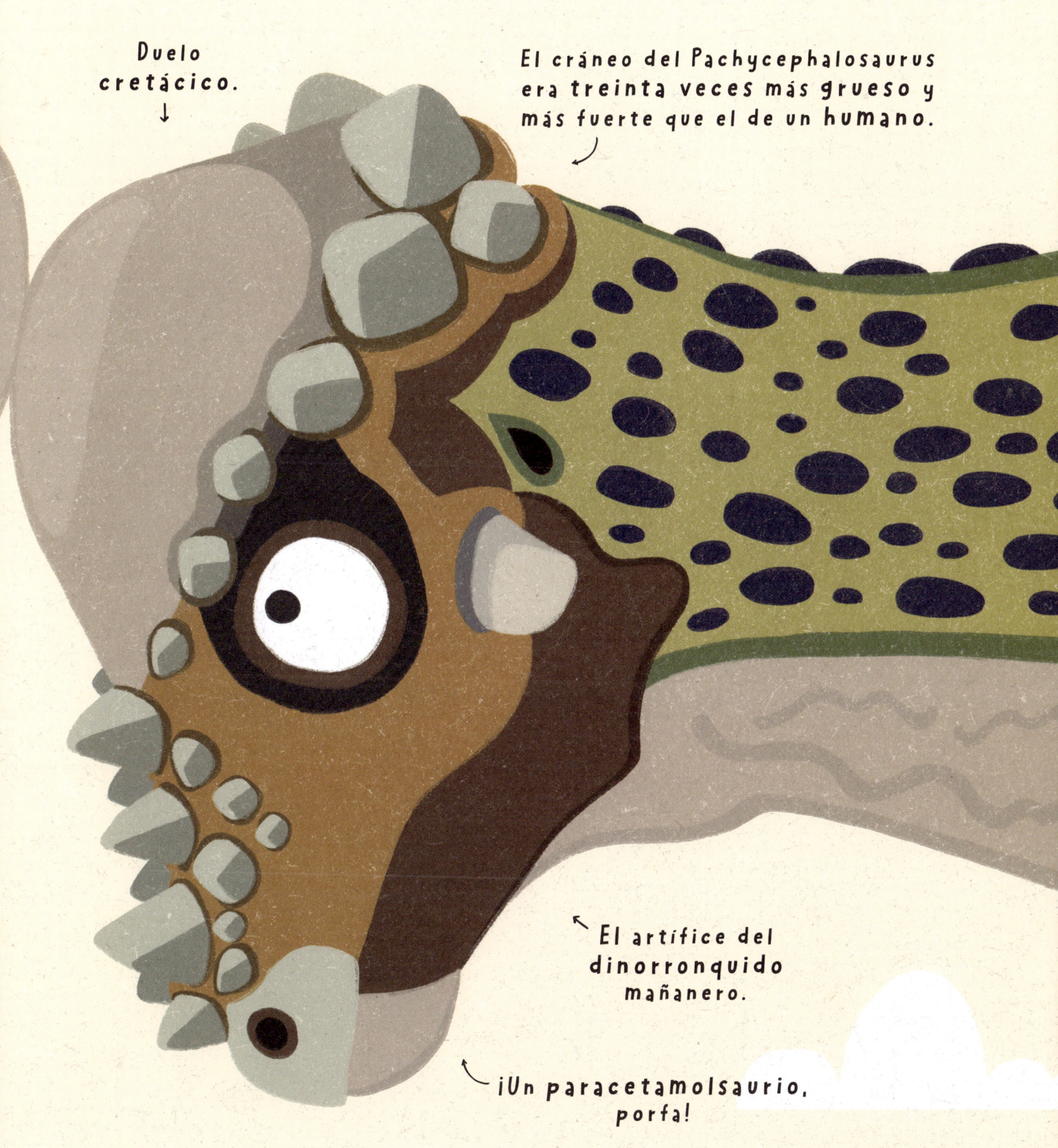

Duelo
cretácico.
↓

El cráneo del Pachycephalosaurus
era treinta veces más grueso y
más fuerte que el de un humano.

El artífice del
dinorronquido
mañanero.

¡Un paracetamolsaurio,
porfa!

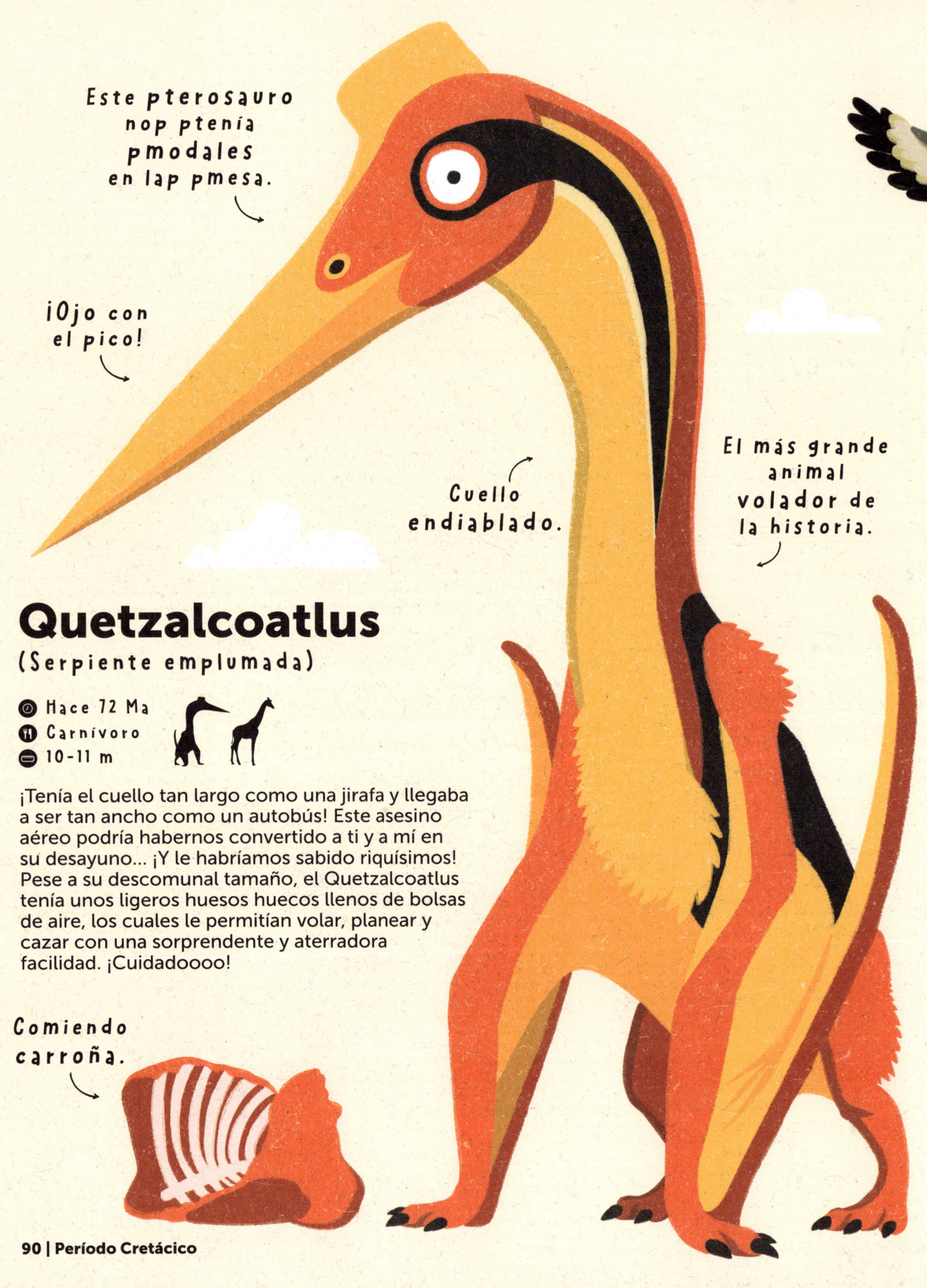

Este pterosauro nop ptenía pmodales en lap pmesa.

¡Ojo con el pico!

Cuello endiablado.

El más grande animal volador de la historia.

Quetzalcoatlus
(Serpiente emplumada)

🕐 Hace 72 Ma
🍴 Carnívoro
📏 10-11 m

¡Tenía el cuello tan largo como una jirafa y llegaba a ser tan ancho como un autobús! Este asesino aéreo podría habernos convertido a ti y a mí en su desayuno... ¡Y le habríamos sabido riquísimos! Pese a su descomunal tamaño, el Quetzalcoatlus tenía unos ligeros huesos huecos llenos de bolsas de aire, los cuales le permitían volar, planear y cazar con una sorprendente y aterradora facilidad. ¡Cuidadoooo!

Comiendo carroña.

El Mononykus manos
no tiene, pero a
rapidez no hay →
quien lo gane.

← Su nombre
lo dice todo.

▲ Mononykus
(Una garra)

🕐 Hace 70 Ma
🍴 Carnívoro
📏 1 m

Si creías que el pobre T. rex tenía unas
manos diminutas, fíjate en las del
Mononykus. En lugar de manos,
contaba con una sola garra de 7 cm
en el extremo de cada brazo. Dichas
garras no parecían serle especialmente
útiles, pero los científicos piensan que
pudieron haber evolucionado para
permitirles abrir termiteros o arañar
insectos de sus nidos al estilo de los
osos hormigueros.

¡Se le ve cornudo
desde lejos!

▶ Nedoceratops
(Cara con cuernos insuficiente)

🕐 Hace 67 Ma
🍴 Herbívoro
📏 7-9 m

A esta especie de ceratopsiano solo la
conocemos por el único cráneo fosilizado
que se ha descubierto de ella. Algunos
científicos aseguran que el Nedoceratops
era una especie distinta, pero otros están
convencidos de que el cráneo pertenecía a
una especie ligeramente rara de Triceratops,
o como poco menos espigada de lo habitual.

↑
Nedoceratops.
Fuera de imagen:
Nedocerasuelo.

¿El final?

Hace unos sesenta y seis millones de años, un asteroide del tamaño de una ciudad (10-15 km de diámetro) se estrelló contra la Tierra, cerca de lo que hoy es México. Ya te imaginarás que este asteroide no tuvo nada de fantástico para ninguno de los implicados. Todo lo contrario: provocó unos cambios repentinos y devastadores en el clima y en los ecosistemas de la Tierra, lo que llevó a la extinción de más de tres cuartas partes de todas las especies del planeta.

Precisamente esta extinción fue la que marcó el final del período Cretácico. Sin embargo, no acabó con todos los dinosaurios. Hubo un pequeño grupo de extrañas criaturas que logró sobrevivir. Los valientes y versátiles dinosaurios bípedos y emplumados que conocemos como aves consiguieron sobrevivir. Así es, los pingüinos, los loros, los halcones y los pinzones no son unos simples descendientes de los dinosaurios; son DINOSAURIOS, en mayúsculas.

La vida en nuestro planeta ha cambiado muchísimo desde la época de los dinosaurios. ¡Por eso ahora nos parecen unos bichos tan raros! ¿Qué crees que harán los habitantes de la Tierra dentro de sesenta y seis millones de años con los huesos de los elefantes, los ornitorrincos y los aye-ayes? ¿Y con los de esos simios erguidos con cerebros gigantescos? No olvidemos nunca que las particularidades que hacen que estas criaturas actualmente nos resulten tan extrañas evolucionaron por una buena razón.

Cada volante, pluma, diente y garra fue cambiando para ayudar al animal a sobrevivir y a prosperar en su entorno concreto. Por eso, lo que nos parece extraño no es más que una cuestión de perspectiva. Eso que para ti es rarísimo para otra persona (o cosa) puede ser de lo más normal. Todos experimentamos el mundo a través de nuestra visión de la realidad, y todos somos maravillosamente extraños, cada uno a nuestra manera.

Índice
analítico

¿Qué viene después de la extinción? →
Y-stinción.

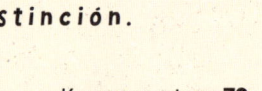

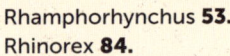

← ¿Qué viene después de la y-stinción?
Z-end.